크리에이티브를 위한 AI

인공지능총서

인공지능 시대입니다. 기계가 인간의 인지를 대신하고, 사물이 인간을 통하지 않고 다른 사물과 직접 커뮤니케이션합니다. 이에 따른 인간 삶과 문명 변화를 정확히 이해·예측·대응하는 것은 이 시대 우리 모두의 과제입니다. 인공지능총서는 인공지능 기술과 환경의 여러 주제를 10가지 키워드로 정리합니다. 관련 개념과 이론, 학계와 산업계의 쟁점, 우리 일상의 변화를 다룹니다. 인간과 기술의 현재, 미래를 세심히 분석합니다.

일러두기

- 인명, 작품명, 저서명, 개념어 등은 한글과 함께 괄호 안에 해당 국가의 원어를 병기했습니다.
- 외래어 표기는 현행 어문규정의 외래어표기법을 따랐습니다.

크리에이티브를 위한 AI

표수연

대한민국, 서울, 커뮤니케이션북스, 2025

크리에이티브를 위한 AI

지은이 표수연
펴낸이 박영률

초판 1쇄 펴낸날 2025년 1월 22일

커뮤니케이션북스(주)
출판 등록 2007년 8월 17일 제313-2007-000166호
02880 서울시 성북구 성북로 5-11
전화(02) 7474 001, 팩스(02) 736 5047
commbooks@commbooks.com
www.commbooks.com

ISBN 979-11-7307-308-3 03500

책값은 뒤표지에 표시되어 있습니다.

차례

아주 오래된 미래, AI

차세대 산업혁명의 주역이자 미래 기술로 불리는 인공지능에게는 미안하지만, 인공지능은 아주 오래전부터 우리 곁에 존재해 왔다. 길을 안내하는 내비게이션이나 지문을 찍고 출입문으로 들어가는 지문인식 기술, 고객이 궁금한 질문에 답을 주는 ARS 자동 응답 시스템 등은 지금은 당연하고 자연스럽게 누리는 일상이지만, 한때는 사람이 하는 일을 대신하는 혁신적인 기술이었고, 놀라운 변화였다. 이처럼 기술은 늘 쉬지 않고 발전해 왔고 새로운 기술과 직면할 때마다 인간은 환영하면서도 걱정했고, 낯설어하면서도 적응했다. 익숙한 기술에 의존하면서 지금의 생활을 유지하고 싶어 하는 듯 보이지만, 인간의 불편함은 또 새로운 기술을 만들어 냈고, 인간의 호기심은 늘 새로운 환경을 찾아내며 오늘에 이르렀다. 어쩌면 점점 인간을 닮아 가는 기술을 보면서 기계에조차 인간의 감정을 이입하고 있는지도 모르지만, 인공지능이 아무리 위대하다고 하더라도, 그것을 만들어 낸 주체는 인간이고, 인공지능의 오류를 바로잡고 개선해야 하는 것도 인간의 몫이다. 그러므로 수 세기를 걸쳐 인간이 해왔던 것처럼 새롭게 등장한 AI(Artificial Intelligence) 기술의 사용법을 잘 익히고 활용한다면, 인간의 가능성과 잠재력은 또 한 번 성장할 것이다. 이런 나의 확고한 신념을 설명하기 위해 지금부터 아주 오래된 이야기, 그러나 AI는 전혀 알 수 없는 아주 사적인 이야기를 시작하려고 한다.

AI는 절대 모르는 AI 이야기

나는 지금도 외우는 것을 잘하지 못한다. 암기 능력 중 특히 숫자에 취약한데 예전에도 그랬다. 그래서 초등학교 시절의 구구단은 나에게 크나큰 난관이었고, 구구단 암기를 미루는 나를 보던 언니가 하루는 결심한 듯 구구단을 외워야 놀 수 있다고 엄포를 놓았다. 놀자고 찾아온 동네 친구들까지 영문도 모른 채 구구단 암기 테스트를 봐야 했다. 예상대로 친구들은 나보다 빠르게 외웠고, 테스트를 통과한 친구들은 테스트에 통과하지 못한 나와 놀기 위해 문밖에서 기다려야 했다. 그래도 처음 구구단을 외울 때는 무릎을 치는 리듬을 살려 노래처럼 외우니까 나도 시작은 순조로웠고, 3단까지는 그럭저럭 넘어갔지만 9단까지는 어림없었다. 4단을 외우고 5단으로 넘어가면, 5단은 외우고 4단은 까먹으니 나는 절망했고 포기하고 싶었다. 친구들과 나를 가로막고 있는 굳게 닫힌 문처럼 두려웠고 막막했다. 4단을 못 넘어가는 내가 답답했는지 언니가 말했다. "2×4가 8이면, 4×2도 8이잖아" 그 순간이 유레카였다. 어차피 숫자는 1부터 9까지. 5단까지 열심히 외우며 중복된 숫자를 빼니 외울 것이 확연하게 줄었고 희망이 보였다. 9단은 "9×9는 81"만 외우면 되니까. 더듬거렸지만 답을 생각해 냈고, 느렸지만 결국 해냈다. 그날 끝까지 나를 기다려 준 친구들과 무엇을 하고 놀았는지 기억나지 않지만, 밖으로 뛰어나가며 신이 났던 기분은 지금까지도 뚜렷하다. 무엇을 하고 놀았든 구구단만 아니면 좋았을 테니까. 그러던 어느 날 집에서 굴러다니는 계산기를 본 나는 충격과 배신에 휩싸였다. 이렇게 두드리기만 하면 답을 알려 주는 편리한 물건이 있는데, 왜 나는 그토록 어려운 구구단을 외워야 했고, 수많은 덧셈과 뺄셈과 나눗셈으로 손가락을 꼽아 가며 숙제해야 했을까? 왜 세상은 그저 놀고 싶어 하던 어린 나에게 그토록 모질었고, 나를 시험에 빠지게 했을까?

어쩌면 계산기는 오래된 인공지능인지도 모른다. 인공지능이란 말 그대로 인공적인 지능이다. 논리, 이해,

추리 등 지식으로 문제를 해결하는 인간의 지적 능력 중 연산을 담당했던 태초의 인공지능은 아마도 계산기였을 것이다. 지금도 사무실 책상 위에, 휴대전화 속에 계산기는 있고, 프로젝트 예산을 산정할 때나 동료들과 같이 먹은 점심값을 나눌 때 습관처럼 사용한다. 그러나 계산기를 쓴다고 해서 인간의 연산 능력이 떨어질 것이라는 우려를 나는 들어 본 적이 없다. 또한 계산기가 없으면 모든 연산 작업이 마비될 것이라고 두려워하지도 않는다. 왜 그럴까? 우리는 구구단을 알기 때문이다. 설사 구구단을 모르더라도 기본적인 사칙연산의 원리를 이해한다면, 시간이 걸리더라도 계산이 가능하기 때문이다. 하지만 내가 계산기가 있다는 이유로 구구단을 암기하지 않고, 사칙연산을 배우지 않았다면 계산기가 없는 삶은 어떨까? 만일 계산기가 오답을 내놓더라도 알아낼 수가 있었을까? 인공지능의 두려움은 바로 여기서 시작되어야 한다. AI가 인간처럼 생각하고 예술가처럼 크리에이티브를 만들어 낸다고 해서, 인간이 생각을 멈추고, 창작을 포기하는 그 순간이 가장 위태롭고 위험한 순간이다.

인간의 생각을 따라 하는 AI

연산을 대신하던 계산기, 빨래를 대신하던 세탁기, 운전을 대신하는 자율주행까지 우리가 살고 있는 일상을 더욱 편리하게 만들어 주던 기술들이 하나로 연결되고, 목소리와 얼굴까지 만들어 내며 기계가 사람의 형체를 갖게 되고, 그걸 직면하고 나서야 인간은 AI가 두려워진 것일까? 솔직하게 말하면, AI가 두려운 것이 아니라, AI가 바꿔 놓을 인간을 둘러싼 새로운 환경이 두려운 것일지도 모른다. 앞으로 AI가 경제와 사회 전반의 다양한 분야에 활용된다면 단순히 인간의 노동력을 대신하거나 인간의 일부를 대체하는 것이 아니라 인간을 완전하게 대체할 것이라는 상상과, 그런 AI와 인간이 경쟁해야 할지도 모르는 미래를 걱정하고 있는 것이다. AI를 두고 갖는 상상과 걱정과 두려움은 인간들이 만들어 낸 생각일 뿐이고, 이런 생각에서 비롯된 감정, 특히 불안감은 인간 스스로 생존율을 높이기 위해 수백만 년간 진화된 인간의 심리 기제다. 불안을 느끼지 못하는 인간은 위험 상황에서 반응이나 대처가 느릴 것이고, 생존율이 낮아지게 되므로 이런 걱정은 AI 시대를 맞이하는 인간의 준비 활동 정도로 봐도 될 것이다.

인공지능, 빅데이터 등을 핵심으로 첨단 정보통신기술(ICT, Information and Communication Technologies)이 융합되는 4차 산업혁명의 특징은 초연결(hyper connectivity)과 초지능(super intelligence)이다. 그렇기 때문에 AI는 특정한 분야가 아니라 경제, 사회, 문화, 산업 등 모든 측면에 막대한 영향력을 미칠 것이고, 파급력은 점점 확장되고, 변화에도 점점 속도가 붙어 일상을 살아가는 모든 것에서 우리는 실로 AI의 놀라움을 체감하게 될 것이다. 2022년 11월 오픈AI사가 챗GPT를 출시한 이후, AI 기술의 파급력이 글로벌 산업의 판도를 바꾸고 있다. GPT는 Generative(생성) Pre-trained(사전 학습된) Transformer(언어 처리 모델 중 하나)의 약자다. 주어진 텍스트의 다음 단어를 컴퓨터가 수리적으로 예측해 텍스트를 생성하는 방식으로 챗GPT는 문자열을 대화체로 생성하는 AI인 것이다. 요즘 챗GPT가 예술 분야까지 활용되면서 앞으로는 인간의 고유 영역인 창작의 분야까지 AI가 따라잡을 수 있지 않겠느냐는 위기감마저 감돌고 있다.

하지만 인간처럼 생각한다는 AI 기술은 세상에 없는 전혀 새로운 걸 만들어 내지 않는다. 인간이 무엇이든 새로운 것을 창조해 낸 후에야 AI는 그 결과물들을 학습하고 연결해서 인간처럼 무언가를 만들어 낼 수 있다는 얘기다. 즉 AI는 같은 키워드로는 언제 어디서나 누구에게도 같은 크리에이티브를 보여 줄 뿐이다. 같은 키워드라도 서로 다른 고유의 크리에이티브를 만들어 내는 것이 창의성이다. 그러므로 예술이든, 크리에이티브이든 창조적 영역에서 AI는 그저 하나의 발전된 기술일 뿐이다. 기술의 발전으로 사라지는 것들과 새롭게 등장하는 것들은 늘 있었다. 그리고 이런 변화에 적응하고 앞서 나가기 위해서는 변화를 연구해야 하고, 생존하기 위해서는 준비와 전략이 필요하다.

계산기가 있더라도 구구단을 외우고 산수와 수학을 꾸준히 공부해야 했던 것처럼, 자율주행이라는 기술은 누구나 사용할 수 있는 기술이지만 안전하게 사용하기 위해서는 운전면허를 따는 것이 우선인 것처럼, AI가 인간처럼 생각하게 된다면 인간도 자신만의 분명한 생각이 있어야 AI를 다루고 소통할 수 있을 것이다. 앞으로 AI 기술이 광고업계를 비롯한 모든 분야에서 크게 활약할 것은 분명해 보인다. 광고는 사람을 설득하는 과정이고, 크리에이티브는 사람의 마음을 움직이는 기술이기에, AI 시대에 맞는 새로운 커뮤니케이션의 전략이 필요하고 자신만의 크리에이티브를 만들어 낼 수 있는 아이디어가 더욱 절실해질 것이다.

AI가 반가운 크리에이티브

'크리에이티브 & 크리에이티비티'를 주제로 펼쳐진 애드아시아 2023 서울 무대에서 더 원 클럽(The One Club)의 케빈 스와네폴 CEO는 20세기의 광고업계에 가장 큰 영향을 미친 광고인 '빌 번벅(William Bill Bernbach)'을 소개했다. 과거에는 카피라이터가 카피를 먼저 쓴 뒤, 일러스트레이터나 아트 디렉터에게 이에 맞는 이미지를 그려 넣어 줄 것을 요청해 광고를 완성했다. 그러나 빌 번벅은 카피라이터와 아트 디렉터를 한 방에 모이게 한 뒤 함께 의논해서 광고를 완성시켰다. 케빈은 번벅의 방식이 기존 광고 제작 방식을 완전히 바꿔 놓으며 '크리에이티브 혁명'을 이끌었다고 설명하면서, 1990년대에 등장한 인터넷, 2005년 등장한 소셜미디어도 기존 광고 공식을 완전히 바꿔 놓은 또 다른 '크리에이티브 혁명'이었으며, 2022년 등장한 생성형 AI도 기존 광고 업계가 일하는 방식을 바꾸고 있는 것은 분명하다고 말했다. 그러나 케빈은 AI가 광고의 작업 방식을 바꾼 것은 맞지만, 이를 차세대 크리에이티브 혁명이라고 생각하지는 않는다고 했다. 지금으로부터 100년 뒤에도, 아이디어는 여전히 세계의 모든 기술보다도 더 중요할 것이라는 빌 번벅의 말을 인용하며 기술은 수단으로서 아이디어를 실행하는 도구일 뿐, 기술 자체가 아이디어가 될 수는 없다고 못 박았다.

이처럼 광고회사는 창의적인 아이디어, 크리에이티브가 곧 경쟁력이다. 그래서 어떤 분야보다 창조적인 인재가 핵심이다. 만일 당신이 지금까지 광고를 만들면서 단순히 제품을 설명하기 위해 카피 한 줄, 이미지 한 컷을 만들어 냈다면, 당신의 자리는 AI가 충분히 대신할 수 있다. 당신이 인터넷을 열심히 뒤져서 찾아낸 자료들과 시장의 상황, 소비자의 패턴을 분석하는 데이터들로 만든 결론은 당신보다 AI가 더 빠르고 완벽하게 처리할 수 있기 때문이다. 당신이 광고 크리에이티브를 위해 남들이 만들어 낸 보기 좋은 이미지나 어디서 봤던 그럴듯한 텍스트를 가져다가 자신의 아이디어라고 우기는 시대는 끝났다는 말이다. 세상에 이미 존재하는 모든 이미지나 텍스트는 AI가 찾아 줄 테니 당신이 우기던 크리에이티브는 금방 출처가 들통날 것이고, 광고주가, 상사가, 팀원들이, 그리고 AI가 당신만의 생각을 다시 물어올 것이다. 하지만 생각하는 힘을 가진 당신이라면 AI는 당신의 크리에이티브에 크고 화려한 날개를 달아 줄 것이다. 떠오르는 생각을 바로 만들어 결과물로 보여 주고, 실시간으로 수정과 보완을 하면서 머릿속에서만 존재했던 상상들이 바로 눈앞에서 펼쳐지는 현실이 될 테니까. 그러므로 이제부터 크리에이터는 진짜 크리에이티브에 집중해야 할 시간이다. 평범한 일상에서 반짝이는 순간을 찾아내고, 당신만의 인사이트로 크리에이티브를 만들어 내는 훈련을 꾸준히 해 왔다면, 광고 생태계를 뒤흔드는 AI가 오히려 반갑지 않을까? 책상 위에 놓인 계산기가 반가운 것처럼 말이다.

인간이 꿈꾸는 크리에이티브

하늘을 나는 꿈, 달나라에 가는 꿈을 꾸는 인간이기에, 라이트 형제는 인류 최초 비행기를 개발했고, 일론 머스크는 첫 민간 유인우주선을 달에 쏘아 올리는 '스페이스 X'를 실현해 냈다. 동화나 영화에서만 나올 법한 이야기가 현실이 된 이유는 기술이 발전해서가 아니라, 인간이 꿈을 꾸는 존재였기 때문인지도 모른다. 꿈을 꾸는 인간은 알 수 없는 미래를 상상했고, 무모한 상상을 실현하기 위해 도전했고, 도전이 실패하더라도 새로운 것을 창조해 냈기에 인간의 생각으로 만들어지는 크리에이티브는 가장 인간적인 영역이라고 말하는 것이다. 일각에서는 AI가 창작의 영역인 문학이나 음악이나 영화까지 만들어 내면서 창작에 대한 정의와 의미가 모호해질 것이며,

AI 기술이 더 진화한다면 예술 작품까지 지배해 크리에이티브가 몰락할 것이라고 경고하기도 한다. 다시 말해 인간의 꿈을 실현시켜 주는 AI 기술이 인간의 악몽이 될지도 모른다는 말이다. 진짜 AI는 인간처럼 생각하게 될까? 그래서 궁극에는 AI도 인간처럼 꿈을 꾸게 될까? 너무도 완벽한 AI가 불가능한 것을 상상하고 그걸 위해 무모한 도전을 하는 불완전한 인간처럼 되고 싶을까? 실수하고 후회해도 참고 견디며, 아프고 고통스럽지만 사랑하고, 주는 것 없이 밉고, 받는 것 없이 행복한 감정과 경험들은 기술적인 측면에서는 오류이기 때문에 AI는 절대 인간이 되는 것을 꿈꾸지는 않을 것이다. 만일 AI가 그런 인간이 되는 것이 가능해진다면 인간이 AI를 두려워할 필요가 없지 않은가? 결국 나와 같이 나약하고, 실수하는 인간이라면 말이다.

예술의 창작이란 인간이 느끼는 희로애락을 함께하는 삶 속에서 만들어 내는 독특한 문화가 가치를 좌우하기 때문에, 빅데이터를 긁어모아서 이해하는 인생과 흉내 내는 감정으로 만들어 낸 AI의 예술은 한계가 분명할 것이며, AI의 크리에이티브로는 인간을 위로하고 감동시킬 수 없을 것이다. 어쩌면 인간만이 가질 수 있는 생각과 경험, 그것을 통해 느끼는 감정과 표현으로 가장 인간적인 크리에이티브를 보여 주는 시대가 도래한 것인지도 모른다. 아무리 AI 시대라고 해도, 크리에이터가 해야 할 일은 변함이 없다. 인공지능 AI는 당신이 만들어 낼 새로운 크리에이티브를 그저 기다릴 뿐이다.

참고문헌

김병희 외(2022). 『디지털 시대의 광고 크리에이티브 신론』. 학지사.

김수경(2023.10.27).AI는 광고 크리에이티브의 새로운 혁명일까?, 뉴데일리경제, https://biz.newdaily.co.kr/site/data/html/2023/10/27/2023102700026.html

이임복(2024.3.5). 생성형 AI 성공 도입 위한 네 가지 질문은?. 월간 품질경영, https://post.naver.com/viewer/postView.naver?volumeNo=37431408&memberNo=51355096

Kores(2017.8.24). 인공지능, 가상현실의 질주! 제4차 산업혁명. https://blog.naver.com/kores_love/221081366905

01
언택트가 가져온 변화

팬데믹으로 세상이 단절되면서 마스크로 표정을 잃었고, 접촉은 공포가 되었다. 하지만 기술로 세상은 다시 연결되었고, 가상의 세계까지 창조하면서 인류는 또 한 번 진화했다. 여기서 킬링 포인트는 혁신적인 기술이 아니라 어떤 위기와 고난에도 인간은 함께할 것이며, 살아갈 방법을 기어코 찾아내고 만다는 것이다.

기침 한 번에 세상이 뒤집혔다. 코로나19 팬데믹이 인류를 덮치면서 사람과 사람이 접촉하지 않고 일상을 살아가는 '언택트(untact) 시대'가 시작되었다. 언택트란 접촉을 뜻하는 콘택트(contact)에 부정의 접두사 '언(un)'을 합성해 '접촉하지 않는다'는 의미로, 대면 활동을 최소화하려는 추세에 맞춰 등장한 트렌드다. 대면 활동이 바이러스의 감염 위험을 높임에 따라 일상의 많은 행위가 온라인이나 비대면으로 이루어지다 보니 언택트 기술과 서비스도 다양한 형태로 급속도로 발전했다. 언택트 시대를 장식할 대표적인 신기술인 빅데이터, 5G, VR/AR, 인공지능, 개인화 영상 플랫폼, 화상 인프라 IT 등을 통해 온라인 가상 세계와 온라인 인공지능 시스템 등은 더욱 발달했다. 온라인 가상 세계의 경우 이커머스, 온라인 쇼핑과 배송, 온라인 교육, 원격 진료, 스마트 뱅킹과 핀테크 등이 활성화되었고, 온라인 인공지능 시스템에서는 화상회의, 업무 메신저, 게임, 넷플릭스, 유튜브 등이 주류를 이루면서 언택트가 가져온 변화는 새로운 산업의 패러다임을 선도하고 있다. 코로나19 사태로 전 세계가 위기와 변화를 겪으면서 디지털 사회로의 전환(Digital transformation)은 빠르게 진행되었고, 일상을 구성하는 다양한 분야의 비대면 시대를 10년 이상 앞

당겼다는 평가를 받는다.

가상 세계 속의 일상

1990년대 중반 대중화된 인터넷은 인간을 더욱 능력 있는 존재로 만들었다. 이전과는 차원이 다른 정보 처리와 피드백 속도로 세상은 비약적으로 성장했다. 오프라인의 보조자 역할을 할 것으로 기대했던 온라인은 이내 오프라인을 압도하면서 정보의 생산 및 유통의 중심이 되었다. 어쩌면 언택트는 이미 인터넷이 처음 등장한 20세기부터 시작되었는지도 모른다.

2023년 정부가 코로나19 비상사태의 종식을 선언했지만, 되찾은 일상은 팬데믹 이전과 많은 것이 달라져 있었다. 단순히 기술이 발전한 것이 아니라 사람들의 인식과 문화가 달라졌기 때문이다. 재택근무는 이제 새로운 근무 형태로 자리 잡았고, 온라인 강의나 회의, 면접도 익숙해졌다. 여전히 대면 접촉을 꺼리는 소비자의 증가로 인해 O2O(online to offline)를 기반으로 한 신선식품 배달 비즈니스와 같은 산업의 성장은 가속화되면서, 업무와 쇼핑, 교육과 여가 등 모든 것이 온라인에서 가능해졌다. 하루, 일주일, 심지어 한 달 이상 집 밖을 나가지 않아도 온라인 안에서 별다른 불편 없이 일상을 살 수 있게 되면서 오히려 인간과 기술의 접촉은 늘었다. 대다수 패스트푸드 매장에서는 인건비 절감을 위해 무인 결제기인 키오스크(Kiosk)를 통해 주문과 계산을 동시에 시행하고 있으며, 사람이 직접 운영하지 않고 자동화된 시스템으로 운영되는 무인 매장도 급속하게 늘었다. 커피 매장에서는 주문에서부터 커피 제조까지 가능한 '로봇 바리스타'가 등장했다. 자율주행차량 기술의 발달로 10년 내 무인 택시가 현실화될 것이라는 얘기까지 나오면서 일상으로 자리 잡은 첨단 기술의 발달을 새삼 실감하게 된다. 그러니까 질병으로부터 생존하기 위해 사람과 접촉하는 대신 기술과 접촉하게 되자, 다소 차갑거나 부정적이었던 기술에 대한 이미지가 자연스럽게 긍정적으로 바뀌고, 다시 접촉하게 된 사람과의 관계는 어색하고 불편해지면서 인간과 기술의 새로운 관계가 만들어진 것이다.

인간관계의 거리 두기

사람들이 소통하는 방식은 인터넷과 스마트폰 등으로 다양해졌다. 말뿐만 아니라 문자, 이미지, 영상 등으로 소통할 수 있는 온라인으로 주로 접촉하면서 언택트 기술을 편하고 익숙하게 생각하는, 이른바 '언택트 문화'가 생겨난 것이다. 특히 데이터 소비를 즐기며 디지털 기기에 익숙한 밀레니얼 세대(1980년대 초~2000년대 초 출생자)는 인간관계에서 오는 스트레스를 피하고자 언택트 문화를 선호하는 편이다. 한 리서치에 따르면 밀레니얼 세대가 키오스크를 더 편리하게 여기는 이유는(중복응답) '짧은 대기 시간'이 87%, '짧은 처리 시간'이 60%, '직원과의 비대면 가능해서'가 28%로 나타났다. 이 조사 결과 편리함과 비대면의 장점을 가진 기술과 기계에 대해 젊은 세대는 긍정적으로 생각하며 더 편하게 느끼고 있음을 알 수 있다. 반면 빠르게 변화하는 첨단 기술과 디지털 기계에 적응이 힘든 장년 세대는 갑작스럽게 달라지는 일상을 따라가기 어렵고, 키오스크와 같은 비대면 기술을 사용하는 것이 익숙하지 않아 답답함을 느낄 수 있다.

이처럼 언택트 문화에 대해 각각의 세대가 느끼는 반응이 다르게 나타나고 세대 간의 교류는 더 적어지면서 세대 간의 격차는 심화되는 양상을 보인다. 또한 자신이 원하는 접촉만 하려는 언택트 문화는 소통의 부재와 단절, 그리고 인간관계를 이어 나가고 사회적 문제를 해결하는 커뮤니케이션 기술의 부족 등의 문제로 이어질 수 있다.

AI가 주도하는 변화의 흐름

언택트 환경으로 세계 경제가 침체되었지만 일부 IT 업종에선 이런 환경이 되레 성장의 기회로 작용하기도 했다. 비교적 전통적인 산업들의 침체는 가시화되고 있지만, 디지털 중심 기업들은 각 분야에서 두각을 나타내며 성장했다. 이런 현상은 전 세계적으로 일어나고 있는 변화지만, IT 강국이라 불리는 한국에서는 더욱 의미있다. 한국은 온라인 쇼핑 이용률이 세계 최고 수준인 30%를 상회하며, 작은 소매시장임에도 중국, 미국, 영국, 일본에 이어 세계 5위 규모의 시장을 형성하고 있기 때문이다. 이처럼 온라인 소비가 급증하면서 전 세계 광고 시장도 빠르게 디지털로 전환되고 있다. AI를 기반으로 디지털 전환을 주도하던 업종이 빠르게 성장하면서 디지털 역량과 데이터를 중심으로 국내 광고 마케팅 시장도 변화하고 있는 모습이다.

온라인 플랫폼도 다양해졌다. 시간이나 공간의 제약 없이 디지털 기기를 통해 다양한 엔터테인먼트를 즐길 수 있게 되면서 온라인 스트리밍 서비스나 가상현실(VR)이나 증강현실(AR)에 대한 관심은 메타버스(Metaverse)로 이어지면서 증폭되었다. 이후 텍스트는 물론 이미지, 동영상까지 순식간에 만들어 내는 생성형 AI가 등장하자 온라인 플랫폼의 흐름은 AI를 중심으로 변화하고 있다. 생성형 AI가 금융 · 보험업부터 과학기술 서비스, 헬스케어 및 사회 복지 산업 등 대량 데이터를 다루거나 복잡한 작업이 필요한 다양한 분야에서 엄청난 잠재력을 발휘하며, 인간과 접촉하는 거의 모든 영역에서 AI가 접목되는 단계가 도래한 것이다. 실제로 2023년에 이어 2024년에도 가장 주목받는 트렌드는 '인공지능'이었다. 2023년이 인공지능의 기술적인 완성도와 좋은 성능 등에 초점이 맞춰졌다면, 2024년은 인공지능을 좀 더 현실적으로 '활용'하는 것에 대한 관심이 높아지면서 시장 전반의 관점이 조금 더 현실적으로 달라졌고, 일반 대중은 물론 다양한 업계의 업무 방식을 완전히 뒤바꾸는 생성형 AI 개발이 활발히 이루어지고 있다.

최근 미디어 시장에서는 유튜브(Youtube)가 막대한 영향력을 행사하면서, 사람들이 몰입할 수밖에 없는 새로운 유형의 다양한 콘텐츠 및 세계관을 만들어 내는 인플루언서나 크리에이터들도 빠르게 늘어나는 추세다. 영화, 드라마 등 전통적인 개념을 뛰어넘어 콘텐츠의 영역이 확장되면서 온라인 영상 서비스인 OTT(Over The Top) 시장도 크게 성장했다. 넷플릭스는 2019년 초 주간 방문객 80만 명을 돌파한 이후 두 달여 만에 130만 명의 방문객을 기록하면서, 콘텐츠 및 광고 분야의 성장을 함께 촉진할 것으로 분석되기도 했다.

이제 다양한 온라인 플랫폼을 통해 누구나 콘텐츠를 만들어 내고 콘텐츠를 소비하는 시대다. SNS 또한 활성화되면서 미디어의 소통 방식이 일방향에서 쌍방향으로 변화하며, 언제 어디서나 연결되는 사람들에게 소셜미디어와 온라인 플랫폼은 정보를 공유하고 소통하는 주요 수단이 되었다. 언(un)택트 문화를 넘어 온라인을 통해 외부와의 활동을 이어 가는 방식인 온(on)택트로 전환되면서, 이를 위해 챗GPT, 바드(Bard) 등 초거대 언어모델에 기반을 둔 챗봇의 역할도 부각되고 있다. 챗봇이란 문자 채팅이 가능한 인공지능 로봇으로, 각종 상담과 교육, 회의, 모임 등을 위한 온라인 플랫폼에서 다양하게 활용되고 있다.

새로운 뉴노멀의 탄생

IT를 활용한 디지털 트렌드가 '뉴노멀(New normal)'로 자리 잡았다. 뉴노멀이란 시대의 변화에 따라 새롭게 떠오르는 기준을 말하는데, 팬데믹이 가져다준 변화로 인류의 삶이 디지털 플랫폼으로 옮겨 가고 디지털 사회로 전환되면서 AI 기술이 뉴노멀 시대의 새로운 기준으로 자리매김하는 모양새다. 과거 특정한 분야로 분류되던 AI는 기존 산업에 자연스레 녹아들며 경제와 산업 발전을 이끌었고, 이제 일상화되면서 세상 모두의 주목을 받고 있다. 모든 영역에서 데이터 기반으로 디지털화가 진행되면서 단순하게 좀 더 매출을 늘리거나 좀 더 비용을 줄이는 데서 멈추는 게 아니라 AI나 빅데이터, 자동화 등을 활용해 새로운 시장을 만들어 가고 있다.

AI로 시작되는 미래는 경제, 사회, 문화 등 모든 영역에 걸쳐 변화를 요구할 것이 자명하다. 이러한 흐름에 뒤처진다면 경쟁력은 물론 생존도 장담할 수 없다. AI 기술이 뒤처진다는 것은 단순히 한 기술 분야에서 경쟁력을 잃는 것이 아니라 세계적 경제 · 사회 변화의 주류에서 '배제'될 수 있다는 것을 뜻하기 때문이다. 변화는 늘 위기와 기회가 공존한다. 팬데믹과 같은 위기 상황에서도 기술은 혁신했고, 인간은 건재했다. 분명 팬데믹은 우리 일상에 많은 변화를 불러왔지만, 그 가운데서도 서로 연결되고 소통하려는 인간의 기본적인 욕구는 사라지지 않았다. 오히려 진정성 있는 소통의 가치가 증가하면서 차가운 기술에 따뜻한 인간미를 접목해 인간처럼 생각하고 소통할 수 있는 AI까지 탄생시켰다. 새로운 것이 일상이 되는 뉴노멀 시대, AI와 함께 만들어 갈 미래는 아무도 알 수 없는 일이기에 우리는 미래를 언제나 기대하고 미래에 늘 도전할 수 있는 것이다.

참고문헌

김수정(2023.9.5).[AI 보편화가 가져온 변화] 작곡하고 글 쓰고…, 대구신문, https://www.idaegu.co.kr/news/articleView.html?idxno=432834

애플경제(2020.9.1). 언택트 세상... '온라인 가상 인공지능 삶'이 펼쳐진다. https://blog.naver.com/applenews7/222077129587

이서련(2024.1.11). 2024 CES의 경고, 뉴노멀 'AI 시대'에서 생존하려면, 비즈트리뷴, http://www.biztribune.co.kr/news/articleView.html?idxno=301727

임지영(2020.7.31). 코로나시대 기업마케팅 트렌드,"언택트 마케팅이 뜬다", 공정뉴스, http://www.fairn.co.kr/news/articleView.html?idxno=61240

정두용(2020.4.5).[코로나19가 바꾼 변화⑨] "땡큐, 언텍트"..., 녹색경제신문, https://www.greened.kr/news/articleView.html?idxno=245671

정하라(2019.9.17).AI가 주도하는 4차 산업혁명시대…창의적 '콘텐츠'로 승부해야, 아이굿뉴스, http://www.igoodnews.net/news/articleView.html?idxno=61152

행머스마(2024.5.10). 언택트 시대의 시작 특징 변화된 모습 언택트 뜻.
https://blog.naver.com/madmoijer80/223441540376

02
AI가 창조한 예술의 세계

예술은 인간이 누리는 감정적 사치다. 행복과 고통, 열정과 고독, 사랑과 상처 등 인간의 감정을 표현하는 창작의 산물이다. 혹시 AI가 만든 작품을 보고 감동이나 두려움을 느꼈다면, 그 자체로 당신이 인간이라는 증거다. 인간이 아무리 훌륭한 예술 작품을 내놓는다 해도, AI에게는 그저 수많은 데이터 중 하나일 뿐이니까.

사람과 같은 인공지능이 등장하자 사람들은 다양한 상상을 하기 시작했다. 힘든 일을 AI가 대신하고, 귀찮은 업무는 AI가 도맡아서 하지 않을까 기대도 했다. 그렇게 일상은 AI로 더 편리해질 것이라고 상상하면서도 정작 AI가 예술까지 할 수 있으리라고는 전혀 예상하지 못했다. 이제 AI는 그림을 그리고, 소설을 쓰고, 작곡을 한다. 세상에 존재하는 방대한 예술 작품을 순식간에 학습한 AI는 자신만의 작품을 내놓으며 이미 예술의 영역에 들어섰다. 그렇다면 AI가 만들어 낸 작품을 우리는 예술로 인정해야 하는 것일까? 만일 AI의 작품이 예술이 된다면, 화가나 음악가나 소설가와 같은 창작자들은 이제 점차 사라지게 되고, 우리는 AI의 작품을 감상해야 하는 것일까?

AI가 만드는 예술

기술과 창의성이 결합한 독특한 작품을 만들어 내는 AI는 예술과 창작에 대한 정의와 가치를 흔들어 놓았고, 사회적 관점에서 깊은 논의와 반향을 일으키고 있다. 아직 생성형 AI의 초기 단계에 있지만, 한 학설에 따르면 AI 기술이 더 진화한다면 크리에이티브 프로세스를 이해할 것이며, 더욱 세련된 작품을 제작할 것이라고 말한다.

그림을 그리는 AI

2022년 8월 미국 콜로라도 미술대회에서 디지털 아트 부문 1위를 차지한 작품은 게임기획자 제이슨 앨런이 생성형 AI 미드저니(Midjourney)로 그린 그림 '스페이스 오페라 극장(Théâtre D'opéra Spatial)'이었다. 출품한 대회의 가이드라인에는 AI를 활용한 창작물에 관해 관련 규제나 제한이 없었기 때문에 수상에 대한 번복은 이루어지지 않았고 이 결과는 수많은 미술인에게서 공분을 샀다. AI가 생성해 낸 이미지의 저작권자가 인간이라 볼 수 있는지 불명확하다는 이유였다. AI는 인간이 이미 만들어 놓은 데이터를 학습한 결과를 내놓기 때문에 순수한 창작으로 볼 수 없다는 것이다. 하지만 수상자인 앨런은 그림 자체는 사람의 창작물이 아닐지라도 그 결과물을 만들어 내기까지의 과정은 자기만의 창작물이라는 논리로 수상의 정당성을 설명했고, 자신이 입력한 프롬프트의 공개를 거부했다.

AI 화가 오비어스가 그린 '에드몽 드 벨라미(Edmond de Belamy)'는 2018년 뉴욕의 크리스티 경매에서 큰 주목을 받았다. 이 작품은 43만 2,500달러, 한화 약 5억 원에 팔리면서 AI의 예술 작품이 경매에서 세계 최초로 높은 가치로 인정받은 사례다. 이 작품은 AI가 14세기부터

20세기까지의 서양 초상화 1만 5,000여 작품을 학습하며 데이터베이스로 만들었고, 초상화 구성 요소를 학습한 뒤 작품을 창작했다고 한다.

미술에 사용되는 AI 기술은 GAN(Generative Adversarial Networks) 기술로, 학습 과정에서 습득한 이미지를 분석해 특정 스타일이나 테마를 이해하고, 이를 바탕으로 새로운 작품을 창작할 수 있는 기술이다. 또한 예술 작품을 분석 및 수정할 수 있어 이미 생성된 작품을 분석해 예술적 가치나 기술적 결함을 평가하고 자동으로 개선하거나 변형할 수도 있다. 대표적으로 렘브란트의 작품을 학습해 그의 전 작품의 화풍을 그대로 재현하는 것은 물론 붓질 방향, 물감의 높이까지 계산해 그림을 완성하는 '넥스트 렘브란트(Next Rembrandt)', 반 고흐의 화풍을 학습해 추상적 이미지를 만드는 구글의 '딥드림(Deep Dream)', 기존 화가들의 작품을 학습한 후 새로운 스타일의 그림을 그리는 페이스북의 'CAN(Creative Adversarial Networks)'도 있다. 국내 사례를 보면, AI 딥러닝 스타트업인 '펄스나인(Pulse9)'이 자체 개발한 AI 예술가 '이매진 AI'와 극사실주의 화가 두민이 독도를 주제로 공동 작업한 작품 'Commune with…'를 공개했다.

소설을 쓰는 AI

2021년, 국내 최초로 AI가 쓴 장편소설 '지금부터의 세계'가 출간되었다. 이 책 표지에는 AI 소설가 비람풍과 작가 김태연이 공동 저자로 이름을 올렸는데, 주제 설정과 구상 등은 김태연 작가가 맡았고, 단순 작업에 해당하는 실제 글쓰기는 AI 비람풍이 맡았다. AI 비람풍은 이 책을 쓰기 위해서 단행본 1천 권 정도의 자료를 학습했다고 한다. 2008년 러시아에서 AI 기술에 기반을 둔 단행본 소설 'True Love'가 나왔고, 2016년엔 일본에서 AI 단편 소설이 문학상 예심을 통과하기도 하는 등 이전에도 AI가 소설을 쓴 사례는 있었다. 하지만 이야기의 서사를 제대로 갖춘 장편소설은 '지금부터의 세계'가 세계 최초라고 할 수 있다.

장편소설까지는 아니어도 뉴스 기사, 블로그 게시물, 리뷰, 회사 소개와 같이 좀 더 실용적인 글쓰기를 도와주는 AI도 존재하는데, 대표적으로 오픈AI가 2020년에 공개한 'GPT-3'는 기술적인 측면에서는 GPT-2와 다르지 않지만, 더 많은 데이터를 학습해 인간의 수준과 다를 바 없다는 평가를 받고 있다. 참고로 GPT-2는 약 800만 건의 웹페이지 데이터와 약 1,000만 건의 텍스트 데이터를 학습한 인공지능 언어 생성 모델이다.

음악을 만드는 AI

음악 분야에서 AI의 활약은 미술보다 더 오래전부터 시작되었다. 미국 UC 산타크루즈 대학 데이비드 코프 교수진이 개발한 AI 프로그램인 '에밀리 하웰(Emily Howell)'은 2009년부터 스스로 작곡한 음반 여러 장을 발매하기도 했다. 모차르트, 베토벤, 라흐마니노프 등 여러 위대한 작곡가들의 작품을 학습했고, 작곡가의 스타일대로 화음, 박자 등 수많은 요소를 조합해 새로운 음악을 만들어 냈다. 최근 가장 주목받는 AI 작곡가는 룩셈부르크에 본사를 둔 AI 스타트업 '에이바 테크놀로지'가 개발한 '에이바(Aiva)'다. 2018년 12월 글로벌 영화 제작사 소니 픽처스에서는 에이바가 작곡한 곡을 영화 OST로 사용한 바 있는데, 이를 위해 에이바는 3만 개가 넘는 곡들을 학습한 것으로 알려졌다. 에이바는 현재 프랑스와 룩셈부르크 음악저작권협회(SACEM)에서 '작곡가'로서 창작물에 대한 저작권을 인정받고 있다. 이 외에도 구글 마젠타 그룹의 '딥 바흐(Deep Bach)', 소니 플로머신 프로젝트의 'AI 듀엣(AI Duet)', 오픈AI의 '뮤즈넷(MuseNet)' 등도 자동 작곡 알고리즘을 선보이고 있다.

AI의 예술적 가능성

예술적 측면에서 AI 작품에 대한 감상평은 각자 다를 것이다. 예술은 인간만의 특권이 아닌 것 같기도 하고, 인간의 개입이 필요한 것으로 봐서는 아직 창작은 인간만의 영역인 것 같기도 하다. 하지만 예술은 모방에서 시작된다. 수많은 모방 속에서 자신의 것을 찾아 창작을 시작하며 예술적 가치를 가지는데, AI는 지금 막 모방이라는 학습 방식을 충실히 받아들이고 있다. 모방이 끝나고 나면, 언젠가는 인간이 뭔가를 제시해 주지 않더라도 이전과 완벽히 다른 창의적인 것을 만들어 낼 수도 있다. 이렇듯 AI의 창작 능력은 우리가 생각했던 것보다 훨씬 더 빠르게 발전하고 있다. 그렇다면 AI가 가진 예술적 가능성은 무엇이 있을까?

예술적 영감의 도구

일부 창작자들은 AI를 예술적 도구로 활용해 경쟁력을 갖출 수 있다고 주장한다. 이는 창작자가 영감을 얻을 더 많은 정보와 자료를 빠르게 습득할 수 있음을 시사한다. 또한 창작 과정에서 지루한 일이나 기술적 요소를 AI가 대신 처리함으로써, 예술가들이 뛰어난 특정적 요소에 집중할 수 있어 창작의 가속화를 도와준다.

예술적 영역의 확장

AI와 같은 새로운 기술은 이전에 시도할 수 없었던 도전을 가능하게 하면서 예술적 영역을 확장하는 새로운 기회가 될 수 있다. AI가 창작하는 과정은 인간과 다른 방식으로 이루어지기 때문에, 그 결과로 인간이 상상하지 못한 새로운 형태의 예술을 보여 준다. 전통적인 예술의 형식에 얽매이지 않는 AI의 독창적인 접근 방식은 예술가들의 창조성에 영감을 줄 수 있고, 또한 사람들에게 새로운 감상의 경험을 제공할 것이다.

예술적 창작의 평등성

AI의 등장은 예술가들의 창작 기회를 확대할 수 있다는 점에서 AI가 예술의 민주화를 가져올 것이라는 시각도 있다. 스페인 폼페우파브라대에서 음악 기술을 연구하는 세르히 호르다는 "이미 뮤지션들은 디지털 작업 툴을 이용함으로써 대형 제작사에 맞먹는 퀄리티로 작품을 만들 수 있게 됐다"며 "AI는 더 나아가 감상자에 머물렀던 이들을 창작자로 격상시킬 것"이라고 내다봤다. AI가 있다면 누구나 자신의 예술적 잠재력을 표출해 화가, 음악가, 작가가 될 수 있는 것이다.

감상의 중요성

창작자의 전문성을 보여 주는 기술적 측면은 AI가 충분히 표현해 낼 수 있는 수준이다. 그러므로 예술 작품의 외형적인 부분보다는 예술가가 작품을 통해 전하려는 메시지나 작품의 의도가 더욱 주목받는 터닝 포인트가 될 수 있다. 예술가는 감상자와 직접 대화하지 않고 대신 작품을 통해서 감상자와 소통하기 때문에 작품에는 예술가가 전하고 싶은 메시지가 담겨 있다. AI시대의 작품들은 이런 예술가들의 메시지를 중요하게 여기고 감상하는 양상으로 변할 것으로 전망한다.

AI 예술의 위험성

AI의 예술 활동을 반대하는 사람들은 인간의 창조성과 혁신적 사고를 감소시키고 창작자의 창작 의욕을 저하시킬 수 있다며 AI 기술에 경계심을 보인다. 또한 디지털 데이터 수집(TDM) 이슈를 제기하면서 저작권 침해나 표절에 관한 이슈로부터 창작자의 이익을 보호할 수 있는 공정한 보상 시스템을 구축해야 한다고 지적하고 있다.

AI와 인간이 창조하는 예술의 세계

예술은 미적 감정을 표현하며 미적 가치로 소통하는 하

나의 행위다. 예술가들은 자신의 생각을 시각적, 청각적, 문학적 요소를 통해 하나의 작품으로 만들고 그것을 감상하는 대상에게 감동과 즐거움을 안겨 주며 소통한다. 그러므로 예술의 가치는 단순한 결과물만이 아니라 그 작품에 담긴 창작자만의 특징과 이야기에도 있다. 하지만 AI가 생성한 예술 작품은 영감, 감동, 시사점 등 일명 '인간이 제작한 작업물의 특징'을 가지고 있다고 보기 어렵다. 그리고 AI의 작품은 정형화되어 있고 단조로우며, 데이터와 기술 특유의 특징을 가지고 있다.

예술과 같은 창작의 분야에서 AI 기술이 만들어 내는 예술 작품은 기존 예술이 보여 주는 인간의 천재성이나 창의성의 결과가 아니라 디지털 시대가 안고 있는 가능성과 문제점, 미래에 대한 인간의 희망과 두려움을 담는 새로운 표현이 될 수도 있을 것이다. 그러므로 예술가들이 자신의 작품을 표현하는 방법으로 AI를 활용하면서 AI의 예술은 인간 예술가의 창조성을 자극할 수 있으며, 이를 통해 새로운 인간의 예술적 잠재력을 발견할 수도 있을 것이다. AI의 결과물에 예술가의 상상력과 감성을 더한다면, 인간의 삶에 대한 새로운 시선과 감동을 지금까지와는 다르게 이끌어 낼 수 있을지 모른다.

새로운 기술이 예술계에 격변을 일으켰던 일이 AI가

처음은 아니다. 이러한 일은 수 세기 동안 있었다. 한때 샤를 보들레르는 "이것은 예술의 영역을 침범함으로써 예술의 가장 치명적인 적이 됐다"고 썼다. 이 글을 쓴 1859년 당시 보들레르는 새로운 발명품인 카메라로 찍은 사진을 예술로 인정하지 못하고, 새로운 기술에 대한 적대감을 고스란히 드러냈다. 하지만 시간은 그가 틀렸다는 것을 증명했다. 현재까지 사진은 독자적인 예술 장르로서 꾸준히 영역을 넓혀 왔다.

AI 예술은 현재까지는 새로움으로 관심을 끌고 있는 단계다. 하지만 엄격한 방식으로 이 도구들을 사용하는 사람들은 AI 예술을 참신하다는 수준에서 순수 예술의 단계까지 끌어올릴 것이며, 결국 완전히 새로운 예술 형식이 생겨날 것이다. AI가 만든 작품이라는 참신함이 사라졌을 때 비로소 진짜 예술 작품은 등장할 것이므로. 과거 기술과 예술의 경계에서 혼란스럽던 사진이 하나의 예술 장르로 자리 잡은 것처럼, AI도 마찬가지가 아닐까?

참고문헌

모비인사이드(2024.6.28). 창작 AI, 일상 속 진입.
https://post.naver.com/viewer/postView.naver?volumeNo=38068712&memberNo=6457418

알렉산더 레벤(2022.12.3).인공지능 예술: AI는 새로운 예술을

탄생시킬까?, BBC NEWS 코리아,
https://www.bbc.com/korean/features-63844037
에코머니나(2024.7.9). AI 아트, 예술과 기술의 경계.
https://fbk1029.tistory.com/819
이지원(2023.6.3). AI, 크리에이티브의 구원인가, 몰락인가, 매드타임스,
http://www.madtimes.org/news/articleView.html?idxno=17784
이지윤(2024.6.18). "AI, 예술 영역 넓히겠지만 예술가 창의성은 못따라 갈것", 동아일보,
https://www.donga.com/news/Culture/article/all/20240618/125477893/2
전혜인(2024.6.12)."미래 창작자들, AI를 경쟁상대 아닌 도구로 활용해야", 디지털타임스,
https://www.dt.co.kr/contents.html?article_no=2024061202109931078008
효성(2022.10.12). 창조성까지 학습한 AI의 예술세계.
https://blog.hyosung.com/5734

03
인간과 AI의 커뮤니케이션

광고를 만드는 것도, 음악, 미술, 문학을 만드는 것도, 창조적 활동은 사람과 사람이 소통하고자 하는 커뮤니케이션의 일환이다. 하지만 AI가 인간의 언어를 구사하는 것을 인간과 AI가 소통하고 있다고 착각해서는 안 된다. 커뮤니케이션이란 인간의 감정을 공유하고, 마음을 움직이는 가장 위대한 인간다운 기술이기 때문이다.

인간과 대화를 시도하는 AI

AI 기술의 변화를 예의 주시하는 이유는 전 산업과 환경이 인공지능과 융합되어 우리 일과 생활에 밀접한 영향을 주기 때문이다. 이미 많은 직장의 업무 프로세스는 디지털 플랫폼을 기반으로 진행되며, 직원들은 다양한 디지털 도구를 사용해 업무를 수행하고 있고, 이러한 변화는 조직 내부의 커뮤니케이션과 협업 방식을 완전히 바꿔 놓고 있다. 인간과 기술의 상호작용에 대해 사람들의 관심은 높아지고, 다양한 영역에서 활발한 연구가 진행 중이다. 이런 사회 현상을 반영하듯 인간 모습을 한 가공의 AI와 인간의 관계를 그린 영화들이 다시 등장하고 있다. 그중 2014년 개봉한 미국 영화 '그녀(Her)'는 인공지능과 인간의 리얼한 연애 감정이 느껴질 만큼 진실한 사랑을 나누는 듯한 대화들이 인상 깊었다. 만일 AI 기술이 발전의 발전을 거듭한다면, 진짜 영화처럼 AI와 감정을 나누며 대화하는 것이 가능해질까? 인간과 기술이 서로의 감정까지 공유하며 소통하게 될까? 아쉬울지 모르지만 실제로 영화 속에서 등장한 인간과 같은 'AI 휴먼'이 우리 일상에 등장하는 시대는 요원해 보인다. AI 휴먼은 아직 영화나 소설에서 가능한 일이고, 그걸 이뤄 낼 기술은 접근 방향조차도 정립되지 않았기 때문이다.

인간에게 커뮤니케이션이란?

커뮤니케이션은 일반적으로 언어, 문자, 도형 혹은 몸짓 등을 이용해 상호 간의 정보나 의견, 감정 등을 전달하는 수단으로, 그중에서 대화는 가장 원초적인 커뮤니케이션 수단이다. 특히 광고 커뮤니케이션은 수신자와 채널의 종류에 따라 개인(individual) 커뮤니케이션, 대인(interpersonal) 커뮤니케이션, 매스(mass) 커뮤니케이션 3가지로 분류된다.

개인 커뮤니케이션

개인 커뮤니케이션은 미디어와 개인 수신자의 소통을 의미한다. 커뮤니케이션이란 단순히 메시지를 노출하는 것만으로는 충분하지 않다. 수신자의 시선을 끌어야 한다. 하지만 미디어에 노출된 개인적인 상황을 모두 제어하는 것은 매우 어려운 작업이다. 그리고 일단 시선을 끌었다 하더라도, 인간의 기억력에는 한계가 있기 때문에 전달하고자 하는 메시지가 수신자에게 기억될 것인가, 아니면 잊힐 것인가라는 선택적인 상황에 놓이게 된다.

대인 커뮤니케이션

대인 커뮤니케이션은 수신자와 수신자의 소통을 의미한

다. 인간과 인간이 만나는 상황이기 때문에 경험을 공유하거나 대화를 발전시킬 수 있다. 그리고 대인 커뮤니케이션은 언어뿐만 아니라 제스처, 표정, 소리 등 비언어적 요소에 대한 경험도 중요하게 작용한다. 물론 방해 요소들이 개입할 수 있지만, 이해도나 전달률을 알 수 있는 피드백을 받기 위해 수신자들이 서로 의견을 묻고 확인할 수도 있다.

매스 커뮤니케이션

매스 커뮤니케이션은 미디어와 대중의 소통으로, 메시지의 수신자가 다수라는 점에서 개인 커뮤니케이션과 다르다. 이 때문에 발신자가 원하는 대상을 가리키는 타깃(target)을 선별하고, 타깃의 공감대를 형성할 수 있는 공동의 관심사를 어떻게 만드느냐가 중요하다. 그것이 타깃의 주목률을 높이는 핵심이기 때문이다.

위에 설명한 모든 커뮤니케이션은 수신자가 어떤 방식으로든 메시지를 받아들이고 내면화했을 때 일어난다. 내면화(internalization)란 개인의 사고 및 감정, 행동 등이 여러 가지의 사회적 영향을 받아 내부로 흡수되는 현상을 말하는데 AI가 인간의 하는 말을 듣고 내면화하는 것이 가능한가는 생각해 볼 문제다. 내면화는 단순히 입력(input)이나 기계 학습(machine learning)과는 엄연히 다른 개념이기 때문이다. 인간의 내면은 들여다보면 들여다볼수록 미스터리한 영역이다. 인간이라는 존재는 스스로를 이성적이라고 믿고 있지만, 감성적인 이유로 사실을 오해하거나 현상을 거부하기도 한다. 이성과 감성, 현실과 상상이 혼재된 미지의 존재이기 때문에 지금도 수많은 심리학자와 철학자는 인간과 인간의 심리를 연구하는 중이다.

AI에게 커뮤니케이션이란?

인간과 대화하기 위해서는 AI가 단순히 똑똑하기만 해서는 안 된다. 말에 담긴 의미와 감정을 공유하고 공감할 수 있어야 한다. 정보통신기획평가원(IITP) '인공지능 기술 청사진 2030' 보고서는 이런 AI 기능을 '사회 친화적 인공지능'이라고 한다. 사회 친화적 인공지능은 신뢰성 있는 AI, 소통 감성 AI, 공감하는 AI 등 크게 세 가지 중분류로 나눠진다.

신뢰성 있는 AI

신뢰성 있는 AI는 인공지능 모델의 판단 결과에 대한 신뢰성 확보를 목표로 한다. 신뢰성 있는 AI 중 첫째 소분류인 설명 가능한 AI는 단일 접근 방법이 아닌 다양한 유형의 접근 방법이 연구되고 있으며, 최근 딥러닝 기술의 발전으로 개별 태스크의 성능이 비약적으로 개선되면서 인공지능 모델을 실생활에 적용하기 위한 연구가 급격하게 늘어나는 추세다.

소통 감성 AI

소통 감성 AI는 주변 환경과 지능을 가진 객체 간, 또는 개체 상호 간의 소통을 위한 인공지능 기술이다. 그중 복합 대화 기술은 대화에 대한 몰입감을 높이고 의도를 정확하게 파악하는 대화형 서비스를 위해 복합 모달리티 표현, 복합 인지 및 추론 기술이 요구된다. 지능형 개인 비서 SARA(CMU), 감정 치료용 소셜 로봇 Nadine(난양공대), 토론하는 로봇 소피아(Hanson Robotics) 등 복합 대화 기술을 활용한 응용 서비스 연구가 다양하게 진행 중이다.

공감하는 AI

공감하는 AI는 사람과 직간접적으로 교류하며 서로 이해하고 공감할 수 있는 인공지능을 말한다. 인간 중심 AI

표 3-1. 사회 친화적 인공지능의 분류

대분류	중분류	대상기술
사회 친화적 인공지능	신뢰성 있는 AI	설명 가능한 AI
		견고한 AI
		공정한 AI
	소통 감성 AI	단일 감각 지능 고도화
		복합 대화 기술
		에이전트 간 협업 기술
	공감하는 AI	다중 감각 인지
		행동 지능
		교감형 AI

출처: 정보통신기획평가원 '인공지능 기술 청사진 2030' 보고서

를 실현하기 위해 반드시 필요한 기술로, 오감 정보를 종합 처리해 동시다발적 상황을 이해하고 판단하는 다중 감각 인지, 사람 언어뿐만 아니라 표정, 제스처 등 비언어적 행위를 감지하고 사회적 의미를 이해하며 사람에게 정확한 행동 표현을 생성하는 행동 지능, 사람 감정 상태를 이해하고 적절한 반응을 생성함으로써 사람의 정서적 안정을 증진하는 교감형 AI 기술을 포함한다.

AI와 대화하고 싶은 인간

아무래도 사람들은 인간과 AI의 커뮤니케이션이 가능하

다고 믿는 모양이다. 하지만 그런 믿음의 양상은 상황에 따라 다르게 드러나는데, 일반 소비자가 느끼는 인공지능에 대한 생각과 기업과 언론 채널이 인공지능을 받아들이는 반응은 다르게 나타나는 것으로 조사되었다. 2017년 이노션 월드와이드가 발표한 '인공지능 소셜 빅데이터 분석 트렌드' 보고서에 따르면, 기업 및 언론은 인공지능에 대해 기술과 혁신성을 강조하는 반면 소비자들은 감성 지능적 속성인 상호작용, 이해, 공감 등을 다수 언급한 것으로 나타났다. 소비자들은 인공지능을 상호작용을 하는 존재, 취향이나 욕구를 정확히 이해하는 존재, 교감을 나누는 존재로 받아들인다고 분석했다. AI 스피커와 대화를 나누고, 개인화 추천 서비스를 통해 자신의 취향에 딱 맞는 음악이나 영화를 감상하는 방식으로 일상을 편리하게 해 주는 인공지능에 대해 인간은 기술적 도구를 넘어 친근하게 소통하며 교감하는 '감성 지능(emotional intelligence)'을 기대하는 것이다. 그러면서도 소비자들은 인공지능과 관련해서는 알파고나 로봇을 떠올리며 일자리에 대한 위협감도 동시에 느낀다고 보고하고 있다. 전체 소셜 데이터 중에서 36.3%가 부정적 인식을 갖고 있는 가운데, 불안의 요소로는 일자리 감소, 판단 오류 시 사고 발생과 책임 소재 우려, 개인정보 수집에 따른 유출 우려 등이 제기됐다.

AI 휴먼이 시작하는 커뮤니케이션

AI 휴먼은 대화형 인공지능 기술을 기반으로 사람과 공감하고 소통하는 서비스를 말한다. 국내 생성형 AI 전문기업인 딥브레인AI는 주로 정치인, 연예인 등 이벤트성 AI 휴먼 개발에 집중하고 있다. 반면 또 다른 AI 전문기업인 마인즈랩은 은행원, 안내 및 상담원 등 일반 직무를 수행하는 AI 휴먼에 집중한다. 삼성, LG 등 대기업도 AI 휴먼을 광고 등 마케팅에 활용하는 추세다. 문제는 AI 휴먼이 정치인, 연예인, 은행원, 가수로 활동할 때 양방향 소통을 할 수 있느냐인데, 현재 AI 기술은 이를 해결하지 못하고 있다. 2020년 초 큰 반향을 일으켰던 AI 챗봇 '이루다'는 편향된 데이터 학습에 따른 성차별적 발언, 사회적 약자 혐오 발언과 개인정보 유출 등의 문제로 서비스가 중단됐다가 올해 다시 출시됐지만 대화 능력은 여전히 지지부진하다. SK텔레콤이 출시한 AI비서 '에이닷' 역시 음악을 틀어 주는 기능 등은 쓸 만하지만, 미션 크리티컬한 기능(중단되면 치명적인 금전적 손실을 야기하는 서비스 등)은 미흡한 편이다. 이렇듯 전 세계를 통틀어 사람들에게 지속적인 사랑을 받는 AI 휴먼의 모습은 아직까지 잘 보이지 않는 듯하다.

앞으로 시간이 지나 데이터가 지속적으로 쌓이면 양방향 소통이 가능할까? 애플의 AI비서 '시리'는 출시된 지 10년이 훌쩍 지났지만, 기능은 크게 개선되지 않았다. 그간 전 세계의 엄청난 데이터가 쌓였을 텐데도 지금의 기술은 인간의 기대에 못 미치는 수준이다. 왜 그럴까? 양방향 소통 AI 모델을 제대로 구축하지 못한 채 출시했기에 데이터가 쌓여도 성능이 기대에 미치지 못하는 것이다. 시리를 만든 팀은 삼성전자로 가서 '빅스비'를 만들었지만, 빅스비의 성능 역시 미흡하다는 평가가 나온다. 일론 머스크 테슬라 최고경영자(CEO) 등이 주도해 설립한 오픈AI의 'GPT-3', 구글의 PaLM과 같은 초거대 언어모델도 문장 초안 생성 정도만 가능한 수준이다. 구글과 마이크로소프트 연구진이 공저한 '2018년 대화 인공지능' 논문에 따르면, 대화 인공지능 시스템은 결국 대화의 목적을 적절히 달성하는 최적화 문제로 바라봐야 한다고 보고하고 있다. 인간은 상대방의 기분을 맞추기 위해, 관계 유지를 위해, 거래를 성사시키기 위해, 즉 특정 목적을 달성하기 위해 대화를 한다. AI 휴먼이 성공하기 위해서는 대화가 달성하고 있는 성과를 측정해야 하고, 그 성과를 높이는 방법을 자동 학습하는 기술이 필요하다. 한데 AI 휴먼은 아직 인간의 기분을 측정하고 관계를 계량하거나 거래의 성사 단계를 평가하기 어렵다. 인간을 둘러싼 다양한 상황을 일반화해 구현하는 AI 방법론은 아직도 연구해야 할 단계가 많이 남은 상황이다.

커뮤니케이션의 감성을 파괴하는 AI

물론 AI 기술이 인간이 하는 말이나 행동을 똑같이 복제할 수는 있다. 그런 AI와 인간이 자연스럽게 대화를 나눌 수는 있게 되었다고 해서 감정적 교류나 소통이 일어나는 것은 아니다. 그러므로 인간과 AI, 즉 인간과 기술의 상호작용이 인간과의 커뮤니케이션과 같다는 오류를 범해서는 안 된다. 인간은 타인과 함께 살아가면서 끊임없는 관계 속에 존재한다. 이런 관계를 유지하기 위해서 인간에게 커뮤니케이션은 가장 중요한 도구다. 인간관계에서 이루어지는 커뮤니케이션은 단순히 언어를 구사하고 텍스트를 이해하는 것에서 머무르지 않는다. 정보나 의견을 전달하는 것은 물론 텍스트 안과 밖에서 감정을 공유하고 경험을 공감하는 감성적 지능이 더해져 인간의 마음을 움직이는 강력한 힘을 갖기 때문이다. 실제로 사람과 사람 사이의 대화를 통해서도 서로를 완벽하게 이해하지 못하는 경우가 허다하다. 남녀와 노소가 소통하지 못할 때가 있고, 국적과 언어가 다른 문화가 커뮤니케이션의 한계로 작용하기도 한다. 단어 하나가 어떠한 문맥에서 어떻게 사용되는지, 그 의미가 과거 개인의 경험과 어떻게 연관되는지 등에 따라 해석이 달라지기 때문에 커뮤니케이션이 중요하고, 커뮤니케이션은 시대에 따라 달라질 수밖에 없다. 그러므로 AI가 인간과 대화하기 위해서는 학습지능(IQ)뿐만 아니라 감성지능(EQ)도 필요한 것이다.

인간과 AI의 커뮤니케이션

자신의 일을 그림으로 알렸던 기원전 광고부터 인터넷과 스마트폰 등 최첨단 기기를 이용하고 가상현실까지 이용하는 오늘날의 광고까지 여전히 광고는 광고주와 소비자 간의 커뮤니케이션이다. 제품의 정보를 전달하고 브랜드를 알리는 의미도 있지만, 광고 크리에이티브는 제품이나 기업과 관련된 사회적 문제나 인식의 변화를 위해 사람들의 목소리를 대신하고, 의미를 공유함으로써 행동을 이끌어 내기도 한다. 그래서 광고는 한 사회의 문화를 담고 있으며, 때로는 사회의 새로운 트렌드를 만들어 내기도 하므로 광고는 인간과 끊임없이 소통해야 한다. 고객의 니즈를 깊이 이해하고 공감을 이끌어내는 크리에이티브야말로 고객과 진정성 있게 소통하는 데 매우 효과적이기 때문이다.

광고 커뮤니케이션은 다양한 디지털 플랫폼에서 소비자와 소통하기 위해서 디지털 커뮤니케이션의 특징과 제한을 이해하고, 목적에 맞는 커뮤니케이션 메시지를 만들어 내고 적절한 미디어를 선택하고 활용할 줄 알아야 한다. 이런 커뮤니케이션 능력은 AI 시대에 생존과 성공의 핵심 요소가 될 것이다. 변화하는 환경에서 다양한 상황의 사람들과 소통하면서 정보를 전달하고, 의미를 이해하는 것이 더욱 중요해지기 때문이다. 타인과 대화하기 위해서 그들의 언어와 문화를 이해해야 하듯이 AI와 함께 생존하고 AI와 소통하기 위해서도 효과적인 커뮤니케이션 전략이 필요하다.

인간과 AI의 커뮤니케이션이란 서로의 장점을 최대한 발휘하고 서로의 한계를 보완하는 소통의 기술일 것이다. AI 기술은 데이터를 통해 인간의 생각을 읽고 알고리즘으로 문제를 해결하고, 이런 AI를 활용하는 인간은 자신과 다른 생각에 대해 이해의 폭이 넓어질 수 있고, 관심 분야부터 전문 분야까지 경험의 폭을 확장시킬 수 있을 것이다. 알고 싶지 않은 진실이지만, AI와 인간의 소통은 어쩌면 인간의 윤리적 · 도덕적 검열을 위한 자기 객관화를 위해 필요할지도 모른다. AI 챗봇 '이루다'가 드러낸 성차별이나 사회적 약자 혐오 발언과 개인정보 유출 등은 AI 기술의 문제라기보다 그런 문제를 가진 인간을 학습한 결과가 아닌가?

지금도 AI는 진화하고 있다. 그저 단순히 인간의 말과 행동을 흉내 내는 것이 아니라, 고도의 지능화된 인지와 복합적인 감성 기술을 갖추고 인간처럼 생각하고 반응하려고 한다. 이대로 AI 기술이 지속적으로 진화한다면 데이터를 해석하는 AI만의 고유한 법칙을 가지게 될지도 모르고, 사람이 풀지 못하는 문제의 해결 방안을 '창출'하며 예상치 못한 최적화된 결과까지 창조할지 모른다. 그러므로 인간이 AI와 소통하기 위해서는 기존 인간과 기술의 커뮤니케이션과는 다른 파트너십이 필요하다. 인간과 AI의 진정한 커뮤니케이션은 주체와 대상이라는 수직적인 관계를 넘어서 다양하게 소통하고 공유하는 수평적 관계가 되어야 한다. 기술을 단순히 도구로만 이해하는 것이 아니라 인간과 기술이 함께하는 방식을 만들어 가려는 노력이 중요한 것이다.

참고문헌

다이어트즘(2024.4.30). 디지털 시대에서의 인간과 기술의 상호작용: 십오, 구성, 상호작용. https://blog.naver.com/zwheelcourtg79/223432069890

박성은 · 정윤아(2021.2.24). AI와 '인간스럽게' 소통하다" [특별기획 AI 2030], AI타임스, https://www.aitimes.com/news/articleView.html?idxno=136394

이경전(2023.2.17). 양방향 소통의 기술적 한계 봉착한 'AI휴먼', 동아일보, https://www.donga.com/news/article/all/20220605/113799839/1

정보통신기획평가원(2020). AI기술청사진 2030 보고서. https://zdnet.co.kr/view/?no=20210222214109

정어지루(2006). 『新광고학』. 형설출판사.

주성호(2017.12.25). 최초의 '인공지능' TV 광고는 26년전 '금성 OK세탁기', News1, https://www.news1.kr/industry/general-industry/3188221

04
광고 생태계를 바꾸는 AI

앞서가는 것, 새로운 것을 탐닉하는 광고업계에서 AI의 등장과 활약은 지극히 자연스러운 일일지 모른다. 광고를 둘러싼 환경은 늘 변화했고, 변수는 언제나 존재했다. 그러므로 정글 같은 광고계에서 살아남고 싶다면 찰스 다윈의 말을 기억하라. 살아남는 종(種)은 가장 강하거나 똑똑한 종이 아니다. 거대한 흐름 속에 변화하는 종이다.

빅테크의 집중 투자, 생성형 AI

챗GPT 출시 이후, 글로벌 빅테크들의 미래 전략은 생성형 AI 중심으로 바뀌었다. 마이크로소프트나 구글은 연간 수십조 원의 투자금을 생성형 AI 개발에 쏟아붓고 있다. 매일경제 취재 결과에 따르면 구글은 2020~2021년 2년간 AI 분야에 약 400억 달러 규모를 투자하며, 2021년에는 10억 달러 규모의 '디지털 미래 이니셔티브(Digital Future Initiative)' 일환으로 호주에 첫 구글 리서치를 설립했다. 마이크로소프트는 오픈AI에 100억 달러를 투자하며 강점을 지닌 클라우드 서비스와 검색 서비스에 AI를 접목하고 있다. 그러므로 빅테크의 이목을 집중시키는 AI가 글로벌 산업을 움직이는 메가 트렌드임은 틀림없는 것으로 보인다.

대규모 데이터와 강력한 컴퓨팅 파워를 활용해 고도화된 AI를 만드는 기술인 '초거대 AI' 개발을 위한 경쟁도 치열하다. 구글은 람다(LaMDA) 모델을 기반으로 바드(Bard)를 개발했고, 마이크로스프트는 검색엔진 빙(Bing)에 챗GPT를 탑재했으며, 메타는 대화형 생성 AI와 대형언어모델(LLM)을 결합한 대규모 언어모델 라마(LLaMA)를 공개했다. 여기에 아다존은 미국의 AI 스타트업 기업인 허깅페이스와 협업하는 등 2023년에는 빅테크 기업들의 굵직한 발표들이 잇달았다. 국내에서도 네이버가 한국형 챗GPT인 '서치GPT'를 2023년에 출시했고, 카카오브레인은 'KoGPT', KT는 '믿음', SKT는 '에이닷', LG전자는 '엑사원' 등의 초거대 AI 모델을 선보이며 상용화에 열을 올리고 있다.

인간과 닮아 가는 생성형 AI

최근 몇 년 동안 우리는 AI의 놀라운 진화를 볼 수 있었다. AI는 한 번 더 '생성형 AI(Generative AI)'로 빠르게 발전했는데, 생성형 AI란 데이터를 기반으로 새로운 데이터를 자체적으로 생성할 수 있는 능력을 갖춘 기술로, AI가 대규모 데이터와 패턴을 학습하고 기존 데이터를 활용해 이용자의 요구에 따라 텍스트, 이미지, 비디오, 음악, 코딩 등 새로운 결과를 만들어 내는 인공지능 시스템이다. 따라서 생성형 AI는 단순히 기존 정보를 반복하거나 재현하는 것이 아니라, 학습한 내용을 기반으로 새로운 아이디어나 콘텐츠를 '창조'한다. 이러한 창조적 능력 때문에 '생성형'이라는 수식어가 붙는 것이다. 생성형 AI는 기존 인공지능에서 인간의 창의적 영역까지 발전된 형태로, 현재는 챗GPT로 대표된다. 인간의 창작 활동을 보조하고 새로운 형태의 창작물을 탄생시키는 데 기여하고 있는 이 기술이 주로 적용되는 산업 분야는 뉴스, 소셜미디어와 같은 콘텐츠 산업, 이미지, 비디오, 오디오를 활용한 산업, 콜센터 및 챗봇 산업, 광고 마케팅 산업 등이 대표적이다.

생성형 AI 광고 시장

CJ엔터테인먼트 자회사이자 디지털 마케팅 기업인 메조미디어는 '생성형 AI에 대한 소비자 인식 조사' 리포트에서 생성형 AI 광고 시장이 매년 연평균 125%의 급성장세를 이어 갈 것이라며 2022년 6,000만 달러에 그쳤던 생성형 AI 광고 시장 규모가 2032년이면 1,925억 달러(약 250조 원)까지 성장할 것이라는 추산 결과를 제시했다. 메조미디어는 이미 광고 마케팅 업계에서도 텍스트 · 이미지 · 영상 · 음악 분야에 생성형 AI를 활용해 광고 콘텐츠를 기획하고 제작하는 분위기라고 설명했다. 생성형 AI를 활용해 제품 이미지를 음악으로 변환하거나 영상의 장면들을 그려 내는 등 다양한 시도가 계속되고 있어 앞으로 생성형 AI를 활용한 우수한 사례들은 더 많아질 것으로 전망했다. 국내에서 가장 인기 있는 생성형 AI 서비스는 챗GPT로 파악되었으며, 이어 바드(11%), 빙챗(10%), 뤼튼(WRTN, 2.9%), 아숙업(ASKUP, 2.7%) 순으로 나타났다.

다국적 기업의 사례

실제로 다국적 기업에서는 생성형 AI를 광고 마케팅의 일환으로 이미 활용하고 있다. 코카콜라와 같은 대기업은 생성형 AI 전문가를 선임해 소비자 경험을 향상시키는 데 집중하고 있고, 아마존 웹서비스와 옴니콤 같은 기업들은 AI 기술을 중심으로 고객에게 혁신적인 서비스를 제공하고 비즈니스를 발전시키는 데 주력하고 있다. 또한 액센추어와 같은 기업들은 기업의 전략과 프로세스를 혁신하고 새로운 비즈니스 모델을 개발하는데 AI 기술을 활용하고 있다. 실제로 AI를 활용한 맞춤형 광고를 활발히 사용 중인 메타는 2023년 4분기 387억 달러의 온라인 광고 매출을 올렸다.

국내 기업의 사례

이처럼 글로벌 광고 시장에서는 생성형 AI를 활용한 맞춤형 광고가 뜨고 있지만, 국내 시장은 생성형 AI 도입에 주춤한 모양새로 기성 광고에 머물러 있는 모습도 보인다. 국내 최대 광고사 제일기획은 물론 네이버나 카카오 등 플랫폼들도 광고에 생성형 AI를 활용할 계획은 가지고 있으나 시장 분위기와 규제 우려로 적극적으로 나서진 못하고 있다.

1) 네이버 : 네이버는 생성형 AI를 활용한 광고 상품 '클로바 포 애드(CLOVA for AD)' 테스트를 시작했다. 글로벌 스포츠 브랜드 나이키(Nike)와 함께 선보인 이번 광고는 사용자가 나이키를 검색하면 챗봇을 통해 질문을 할 수 있고 상품 추천부터 구매까지 할 수 있도록 했다. AI가 이용자와 대화하며 필요한 정보를 획득하고 적절한 맥락에서 초개인화된 광고를 노출하는 새로운 광고 방식으로 네이버의 초대규모 AI '하이퍼클로바X'를 기반으로 한다.

2) 카카오 : 카카오는 국민의 90% 이상이 사용하는 카카오톡을 내세운 '개인화 메시지' 기능을 내세웠다. 카카오 개인화 메시지는 이용자의 특정 이벤트가 발생했을 때 맥락에 맞는 맞춤형 메시지를 카카오톡 채팅방으로 전달할 수 있는 메시지형 광고다. 카카오는 생성형 AI를 기반으로 한 초개인화 영역을 연구하는 한편 기존 AI 기반 알고리즘과 타기팅, 추천 기능을 더욱 강화해 나갈 계획이다.

3) 국내 기업 : SK텔레콤은 인공지능 큐레이션 커머스 '티딜'을 앞세워 소비자 공략에 나서고 있다. 티딜은 자

사의 가입자 정보를 AI로 분석한 뒤 구매 확률이 높은 상품을 추천하고 구매까지 이어질 수 있도록 하는 플랫폼 서비스다. 유플러스는 익시(ixi)를 활용해 콘텐츠 제작부터 데이터 분석, 서비스 고도화 등은 물론 광고 제작에도 적극적으로 도입하고 있다. 광고 아카이브에서 참고 영상을 검색하고, 시장 동향과 트렌드 분석을 확인하고, 광고 카피 제작 또는 스토리보드를 제작할 수 있는 서비스를 제공한다.

AI로 진화하는 광고 산업

생성형 AI 기술은 광고가 고객에게 도달하고 참여하는 방식을 총체적으로 혁신할 수 있을 잠재력을 가지고 있다. 광고에 주로 적용되는 생성형 AI는 단순히 광고 이미지나 카피를 생성하는 것에 그치지 않고 소비자 행동과 패턴, 선호도를 파악할 수 있으므로, 더욱 진화된 생성형 AI를 활용하는 광고 산업은 고객과 상호작용이 가능한 쌍방향적, 인터렉티브한 관계를 구축하는 방식으로 광고 패러다임을 변화시킬 것으로 전망된다. 생성형 AI 시대가 도래했고 광고 마케팅 산업에 생성형 AI가 채택됨에 따라 변화하는 광고 산업은 이제 새로운 도전과 기회에 직면해 있는 것이다.

빅데이터 분석으로 타기팅의 정밀화

인공지능의 가장 큰 장점 중 하나는 빅데이터를 분석해 개인의 특성과 선호도를 정확하게 파악하고 타기팅할 수 있다는 것이다. 과거에는 나이, 성별, 지역, 관심사 등 제한적인 정보를 기반으로 광고를 타기팅했지만, AI는 온라인 활동 기록, 구매 이력, 소셜미디어 데이터, 심지어 위치 정보까지 다양한 데이터를 종합적으로 분석해 개인의 취향과 행동 패턴을 파악하고, 그에 맞는 광고를 제공한다. 예를 들어 특정 브랜드의 제품을 자주 검색하거나 구매하는 고객에게 해당 브랜드의 신제품 출시 정보를 맞춤형으로 제공하거나, 최근 여행을 계획하는 고객에게 관련 상품이나 할인 정보를 노출하는 방식이다.

머신러닝으로 광고 효율성의 극대화

머신러닝은 인공지능의 한 분야로, 컴퓨터가 데이터를 스스로 학습하고 예측하는 모델을 구축하는 기술이다. 광고 분야에서 머신러닝은 광고 노출 빈도, 시간대, 광고 형식 등 다양한 변수를 학습해 광고 클릭률과 전환율을 높이는 광고의 최적화를 찾아내는 것이다. 이런 머신러닝 기술로 광고 운영을 자동화하고 예측 정확도를 높임으로써 시간과 비용을 획기적으로 절감할 수 있다. 하지만 머신러닝 알고리즘은 데이터에 의존하기 때문에 직관적으로 이해하기 어려운 경우도 있으므로 인간의 전문 지식과 결합해 활용해야 한다.

딥러닝을 활용한 콘텐츠 제작의 자동화

딥러닝은 머신러닝의 한 분야로, 인간의 뇌 신경망을 모방해 복잡한 데이터를 학습하고 분석하는 기술이다. 딥러닝 기반 AI는 텍스트, 이미지, 영상 데이터를 학습해 광고 카피, 이미지, 영상을 자동으로 생성하며 광고 콘텐츠를 제작한다. 또한 사용자의 선호도와 트렌드를 분석해 고객의 반응을 이끌어 내는 광고 콘텐츠를 제작할 수 있다. 이러한 딥러닝 기술은 광고 콘텐츠를 제작하는 과정을 자동화하고 효율성을 높이는 데 크게 기여한다. 하지만 딥러닝 모델은 방대한 양의 데이터를 학습해야 하며, 훈련 과정에서 데이터 편향과 같은 오류를 수정하기 위해 많은 시간과 자원이 필요하다.

광고 제작을 위한 생성형 AI 시스템

최근에는 광고 제작에 필요한 모든 요소를 100% AI가 만든 결과물도 등장하고 있어, 광고 크리에이티브 전문가들을 긴장시키고 있다. 전통적인 광고는 크리에이티브 디렉터, 아트 디렉터, 카피라이터 등 해당 분야 전문가들의 직관과 경험에 의존해 왔다. 그러나 최근에는 AI가 이러한 역할을 수행하면서, 텍스트만 입력하면 이미지를 생성하는 것은 물론 동영상 광고까지 제작하는 사례가 늘어나는 등 AI 기술이 크리에이티브 영역까지 깊숙이 들어오고 있다. 이른바 '광고 공부를 한 인공지능이 트렌드 분석뿐 아니라 직접 광고 문구를 쓰고 최적의 광고 위치를 점찍어 주는 식으로 진화하고 있는 것이다.

그중 가장 치열한 영역이 AI 카피라이팅이다. 비교적 상용화가 쉽고 학습 데이터가 많으며, 저작권 이슈에서 상대적으로 자유로운 점 등이 영향을 미친 것으로 분석된다. 해외의 경우 재스퍼, 카피스미스 등 영어 광고 카피 서비스만 2023년 3월 기준 50여 개에 이른다. 카피닷에이아이나 프레이즈 같은 서비스는 회사 비전을 입력하면 AI가 이에 걸맞은 광고 카피를 즉석에서 만들어 준다. 2015년 일본의 세계 최대 광고회사 덴츠에서는 인공지능 카피라이터 아이코(AICO)를 선보였다. 더 나아가 2016년 일본의 맥켄에서는 인공지능 CD(Creative Director)까지 등장했다. 인공지능 CD는 광고 목표와 전략에 따라 데이터베이스에서 수많은 아이디어를 꺼내 크리에이티브 방향을 제시하는 역할까지 한다. 이에 광고 문구를 포함한 광고 창작 분야에서 AI 기술의 크리에이티브한 활약이 더욱 주목받고 있다.

공간을 넘어 당신의 일상을 디자인하다

제주의 숨결로 만든 댕냥이 간식 사료

북유럽 감성으로 돌아온 골프웨어, 자연주의를 입다

위의 사례는 AI '아이작(AiSAC: AI analysis System for AD Creation)'이 실제 광고를 위해 생성한 광고 문구들이다. 한국방송광고진흥공사(KOBACO)가 AI와 빅데이터 기반으로 개발한 솔루션인 '아이작'은 2021년부터 3년간 광고 분야에 관련된 서비스를 확충해 광고 아카이브, 마케팅 트렌드 분석, 광고 카피 제작, 스토리보드 제작의 네 가지 서비스를 구축해 개발되었다. 상품 · 서비스 카테고리와 키워드 등을 입력하면 AI가 적절한 광고 문구를 생성하고 광고 영상 제작을 위한 스토리보드 이미지까지 생성해 주는 AI 기반의 광고 창작 지원 시스템이다.

전단지와 광고판, 각종 카탈로그(광고 책자) 등을 일상적으로 제작해야 하는 기업들도 AI 광고 창작 시스템 도입에 적극적이다. 현대백화점은 네이버 '하이퍼클로

바X' 기반의 AI 카피라이팅 시스템 '루이스'를 도입했다. 루이스는 현대백화점이 최근 3년 동안 사용했던 광고 문구, 판촉 행사 문구 등 1만여 건을 학습해 새로운 광고 문구를 만든다. CJ그룹도 고객 성향에 최적화된 마케팅 카피를 써 주는 'AI 카피라이터'를 도입해 쇼핑 · 식음료 · 패션 · 물류 · 엔터테인먼트 분야의 사업에 활용하고 있다.

광고 마케팅 산업을 향한 AI의 모험

AI는 광고 산업을 더욱 데이터 중심적으로 만들 것이다. 예측 분석, 개인화 마케팅, 자동화된 광고 최적화 등이 발전하면서 광고는 더욱 개인화되어 맞춤형으로 진행될 것이고, AR, VR 등의 기술과 결합하거나 음성 인식, 이미지 인식 기술 등을 더해 AI는 고객이 몰입하고 체험할 수 있는 새로운 광고 형태를 만들어 낼 것이다. 이처럼 AI를 활용한 광고 기법과 맞춤형 광고가 화두이긴 하지만, 아직까지 광고 현장에서는 적극적으로 활용하는 모습이 드물다. 한정된 예산을 가지고 기대한 만큼의 효과를 얻어야 하는 광고주 입장에서 AI라는 모험을 하기보다는 안전한 길을 택할 가능성이 높기 때문이다. 실제로 네이버 검색 광고나 카카오 톡비즈 등은 이미 충분한 트래픽을 확보하고 있어 새로운 기술이 절실하게 필요한 상황은 아니라고 판단하는 듯, 별다르게 AI를 활용하지 않고 있다. 또한 맞춤형 광고로 초개인화의 영역으로 들어간다면 광고 효과는 좋겠지만 저작권적 요소와 윤리적 요소의 규제에 대한 우려의 목소리가 커지는 가운데 AI 창작물에 대한 새로운 원칙이 필요할 것으로 보인다.

참고문헌

김자연(2024.5.3). 생성형 AI와 광고업계의 혁신적 변화 트렌드, M이코노미뉴스, http://www.m-economynews.com/news/article.html?no=43269

박성돈(2024.4.22). 생성형 AI 라고 부르는 이유, 모두의연구소, https://modulabs.co.kr/blog/generative-ai/

유승철(2023.4.4). 생성형 AI시대의 마케팅, 어디로 가는가, 반론보도닷컴, http://www.banronbodo.com/news/articleView.html?idxno=21521

이명진(2024.9.17). [인터뷰] AI 선도 기업 LG유플러스의 김희진 팀장이 말하는 'AI와 광고', 반론보도닷컴, http://www.banronbodo.com/news/articleView.html?idxno=23291

이상덕 외(2023.1.26). '생성형 AI'에 놀란 빅테크 … 2개월만에 미래전략 다 바꿨다, 매일경제, https://v.daum.net/v/20230126173301818

이정현(2023.12.30). "생성형 AI 광고시장, 2032년 250조 수준 전망",

연합뉴스,
https://www.yna.co.kr/view/AKR20231226131900017
이정현(2024.2.10). '생성형 AI 광고' 꽂힌 메타, 51조 벌었다…국내는?, 머니투데이,
https://news.mt.co.kr/mtview.php?no=2024020714432299531
임지선(2023.5.11). 광고 문구부터 광고판 위치까지…광고업계 파고드는 인공지능, 한겨레신문,
https://www.hani.co.kr/arti/economy/it/1090057.html
장준천(2023.3.21).'트렌드 분석에서 광고 카피까지 알아서 척척'…, 반론보도닷컴,
http://www.banronbodo.com/news/articleView.html?idxno=21472
편슬기(2024.9.18). '광고에서 판매까지…생성형 AI로 '마케팅 시장' 격변, 글로벌이코노믹,
http://www.g-enews.com/ko-kr/news/article/news_all/202409181226487578ea588b1547_1/article.html
IT World(2023.11.27). "생성형 AI, 광고·미디어 업계서도 핵심 트렌드" 메조미디어 보고서,
https://www.itworld.co.kr/news/315184#csidx736d1ccd32745ae8feeea7732e13ac0
NAVER Cloud(2024.4.29). [클로바 시선#11] AI로 산업을 이끌다: 법률 · 광고 편
https://blog.naver.com/n_cloudplatform/223430420728

05
AI 광고 크리에이티브 사례

새롭지만 낯설지 않아야 하고, 독특하지만 설득력이 있어야 한다. 강하지만 유연해야 하고, 날카롭지만 따뜻해야 한다. 이처럼 극과 극이 만나서 조화를 이루는 것이 크리에이티브다. 기술의 똑똑한 기능으로 인간의 유연한 사고를 따라 하는 인공지능처럼 말이다. 그러므로 AI와 인간의 만남은 가장 극적인 크리에이티브가 아닐까?

'이 영상은 인공지능(AI)으로 제작되었습니다.'

요즘 광고를 보다 보면 이런 문구를 찾는 것이 어렵지 않다. AI 기반의 버추얼 모델들까지 광고 영상에 등장하고, 광고 카피부터 배경음악까지 광고 제작에 AI를 활용하는 사례는 계속 늘어나고 있다. 대중이 이미 AI 기술의 파급력을 체감하고 있기 때문에, 기업들도 이처럼 AI를 활용한 마케팅에 주목하고 있는 것이다.

AI 광고 크리에이티브 해외 사례

코카콜라와 하인즈, 나이키 등 글로벌 브랜드들도 AI를 활용한 광고 크리에이티브를 적극 선보이고 있고, 광고 전략이나 미디어까지 AI의 활용 분야와 범위는 계속해서 확장하고 있다.

코카콜라(Coca-Cola)

코카콜라는 오픈AI와 파트너십을 맺은 베인 앤드 컴퍼니와 협업해 챗GPT와 같은 생성형 AI를 활용한 'Create Real Magic' 캠페인을 진행했다. 아티스트들은 코카콜라 병이나 로고, 산타클로스, 북극곰 등 코카콜라 아카이브에 있는 상징적인 브랜드 요소를 활용해 AI 기반의 독창적인 작품을 제작했다. 'Create Real Magic'은 사람과 유사한 텍스트를 생성하는 GPT-4와 텍스트를 기반으로 이미지를 생성하는 달리(DALL-E)의 기능을 결합한 최초의 플랫폼으로, 창의적인 실험과 혁신적인 도전을 위한 캔버스로 활용되었다. 이 캠페인에 참여한 아티스트는 자신의 작품을 다운로드해 콘테스트에 제출하면 뉴욕 타임스퀘어나 런던 피커딜리 서커스에 있는 디지털 빌보드에 소개되는 기회까지 얻을 수 있다.

나이키(Nike)

나이키가 제작한 글로벌 캠페인 'Dream Crazier'는 2019년 칸 광고제 아웃도어 부문 그랑프리를 수상했다. 세계적인 테니스 선수 세리나 윌리엄스(Serena Williams)의 내레이션을 바탕으로 한 90초 분량의 영상에는 실력과는 관계없이 소위 '미쳤다', '이상하다'는 평가를 받아야만 했던 세계적인 여성 선수들이 등장한다. AI는 방대한 스포츠 경기 영상과 데이터를 분석하고 가장 감동적이고 강렬한 장면을 편집해 여성 운동선수의 열정과 도전을 강조하는 내용으로 스토리 라인을 구성했고, 이 캠페인은 전 세계적인 반향을 일으키며 여성 운동선수들의 인식을 높이는 데 기여했다.

하인즈(Heinz)

글로벌 식품 브랜드, 하인즈는 5년에 걸쳐 '하인즈여야만 돼(It Has to Be Heinz)' 캠페인을 벌이고 있다. 이에 더해 '하인즈 AI 케첩(Heinz A.I. Ketchup)' 캠페인을 선보였는데, 브랜드명을 언급하지 않고 오직 '케첩'이라는 단어를 입력해 AI에게 케첩의 이미지를 생성하도록 했더니 AI의 이미지가 모두 하인즈 케첩 병과 닮아 있다는 점을 보여 주며, 'AI도 케첩은 하인즈라고 인식한다'는 메시지를 재미있게 전달하며 '1등 케첩 브랜드'로서의 상징성을 확인시켰다.

킷캣(KitKat)

스위스 글로벌 식품 기업 네슬레의 대표적인 브랜드 킷캣은 AI와 인간 모두에게 휴식의 중요성을 강조하는 메시지로 기존 슬로건 'Have a Break, Have a KitKat'에 AI를 결합한 'Have AI Break, Have a KitKat'을 선보였다. 다른 브랜드들이 AI를 먼저 사용하는 것에 초점을 맞췄다면, 킷캣은 휴식의 중요성에 대한 핵심 메시지에 AI를 곁들였다. 구글 딥마인드(DeepMind)를 기반으로 'Have AI Break'라는 문구를 프롬프트에 사용했을 때 AI의 응답 정확도가 현저히 높아지는 것을 확인하며, 킷캣은 AI

도 인간처럼 잠시 멈추고 생각하는 시간이 필요하다는 메시지를 전달했다. 전통적인 브랜드 슬로건을 현대적이고 기술적인 방식으로 재해석함으로써, 이 캠페인은 2024년 칸 광고제에서 '브랜드 경험 및 활성화' 부문 금사자상, '디지털 크래프트' 부문에서 그랑프리를 수상하며 디지털 기술을 창의적이고 혁신적으로 활용한 작품으로 평가받았다. 또한 소셜 미디어 챌린지, 디지털 디톡스 앱, AI 챗봇 등으로 소비자가 직접 참여하고 경험할 수 있는 다양한 방법을 제시하며, 소비자와 더 깊이 소통할 수 있는 새로운 방법을 제시하고 브랜드 마케팅의 새로운 기준을 만들었다.

유네스코(UNESCO)

유네스코는 우크라이나의 문화유산을 보호하기 위해 'Backup Ukraine'을 발표했다. 이 캠페인은 스마트폰에 내장된 카메라와 GPS 데이터, AI 기술 등을 이용해 러시아의 계속되는 침략으로 파괴된 우크라이나의 문화유산을 복구할 수 있도록 한 아이디어가 돋보인다.

AI 광고 크리에이티브 국내 사례

글로벌 브랜드와 함께 국내 기업들도 AI 기술을 접목한 광고들을 속속 내놓고 있다. 식품업체부터 통신사까지 다양한 업종에서 광고 캠페인에 AI를 도입해 새로운 광고 마케팅을 진행하는 중이다.

AI가 만든 광고 BGM

롯데리아 불고기 버거 광고에 삽입된 감미로운 노래가 AI를 활용한 대표적인 사례다. AI가 불고기 버거의 이미지를 토대로 자유롭게 연상해서 만든 비트를 전문가들이 편곡한 'Be My Side'라는 음악이 불고기 버거 광고에 깔린다. 이 광고는 소비자들에게 인기와 관심을 얻어 높은 조회 수를 기록하며 이슈가 되었다. 삼성전자도 청소기 비스포크 제트AI 광고를 제작하면서 배경 음악에 AI를 활용했다. 카펫이나 마루 등 다양한 바닥 재질에 따라 달라지는 청소기 흡입 소리를 녹음한 뒤, AI 작곡 도구를 활용해 배경 음악을 생성했다.

예술과 연결하는 AI 광고

글로벌 관광객을 유치하기 위해 최초로 AI를 활용해 제작한 한국관광공사 홍보 영상은 예술 작품이 모티브가 되었다. 한국관광공사가 공개한 'What If Vincent Van Gogh Visited Korea' 캠페인은 세계적인 화가 11명의 화풍으로 한국의 대표적인 관광지를 소개했다. '별이 빛나는 밤'의 반 고흐, '절규'의 뭉크, '수련'의 모네, '춤'의 마티스, '키스'의 클림트 등 세계적인 거장들과, '인왕제색도'로 널리 알려진 조선 화가 정선, 한국 최초 여성 서양화가인 나혜석 등의 화풍으로 전국 관광 명소를 단순 이미지 변형이 아닌 영상으로 구현해 냄으로써 국제적으로 한국 관광의 매력을 새롭게 소개하는 사례다.

광고인을 대신한 AI

LG유플러스는 통신업계에서 최초 AI 소스를 활용한 캠페인을 공개했다. 마케팅 직원이 된 광고 모델 주현영이 광고 제작을 AI에 맡기는 내용으로, 광고 시나리오부터 제작까지 생성형 AI를 종합적으로 활용했다는 점에서 이목을 끌었다. 광고 시나리오는 챗GPT를, 광고 속 주현영이 만들어 내는 영상에는 이미지 생성 AI 스테이블 디퓨전(Stable Diffusion)을 활용했다. 그리고 LG유플러스의 AI 전담 조직 CDO가 보유한 익시(ixi) 기술을 활용해 이미지, 음성, 영상 등 300여 개의 소스를 생성하고 광고에 활용해 최종 결과물을 완성했다.

인식을 바꾸는 AI 광고

삼성생명은 2023년도 기업 PR 캠페인에서 광고 기획과 제작에 걸친 전 과정에 생성형 AI를 도입했다. 삼성생명의 광고는 AI의 빅데이터 처리 능력을 역이용한 사례로, 사람들이 일반적으로 아플 때나 힘들 때와 같이 부정적인 상황에서 보험을 떠올리는 것을 데이터 분석을 통해 발견하고, 캠페인 메시지 방향을 부정적인 상황을 극복하며 보험을 통해 좋은 소식을 전하고자 하는 메시지를 담아 광고를 완성해 나갔다. 소비자들의 반응과 요구 사항을 분석하기 위해서 챗GPT를 활용했고, 광고에 필요한 모든 이미지는 미드저니(Midjourney)와 달리(DALL-E)로 만들었다. 3개월간 총 1만여 장의 이미지를 생성해 광고에 들어갈 적절한 이미지들을 선정하며 완성도를 높였고, 광고에 들어가는 BGM도 모두 AI를 활용했다.

AI가 만든 가상의 모델

최근 AI 기반의 버추얼 모델들이 광고 영상에 종종 나타나며 소비자들에게 주목받고 있다. 버추얼 모델들은 신한라이프 로지, 롯데칠성음료 류이드, 에이닷티비의 나수아 등이 대표적이다. 2023년 KB라이프 광고에는 윤여

정 배우의 20대 시절 얼굴과 음성을 실제처럼 구현하는 기술까지 등장했다. 서울우유협동조합의 A2+ 우유에 등장한 아역 모델들도 화제다. TV 광고에서 배우 박은빈과 함께 등장한 아역 모델들은 실존 인물이 아닌 AI 기술로 구현된 가상 인물들이다. 광고 모델인 박은빈을 닮은 AI 모델들을 구현해 TV 광고에 등장시키면서 유치원생부터 성인까지의 성장 단계를 표현했다.

AI 크리에이티브의 평가

광고에서 보여 준 AI의 크리에이티브를 평가한다면 인간이 만든 크리에이티브와 다르다거나 창의적이라고 보기 힘들다. 다만 AI라는 첨단 기술을 광고 모델이나 제작 등에 도입했다는 새로운 시도로 혁신적인 이미지를 얻을 수 있다는 점에서 의미가 있다. 아직까지 AI가 만든 광고 크리에이티브의 완성도가 높지 않은 수준이다 보니 영감을 얻는 정도로 활용되고 있지만 앞으로 데이터 학습이 더해진다면 광고 크리에이티브에서 AI의 활용도는 점점 더 높아질 것이라 예상된다.

성능 좋은 AI 크리에이티브

광고 캠페인에 AI를 사용하는 이유는 심플하다. 비용을 절감하고 생산성을 높이기 위해서다. 광고 캠페인 사례에서 볼 수 있듯이, AI는 몇 초 만에 카피를 만들어 내고, 콘텐츠 및 기획안을 빠르게 생성한다. LG유플러스 사례에서는 시나리오 제작 과정에 챗GPT를 활용해 전체 작업 기간을 3분의 1로 줄였고, 비용도 평균 광고 제작 비용의 4분의 1 수준에서 해결했다. 삼성전자의 사례에서도 음악 저작권 이용료를 지불하거나 광고를 위한 새로운 음악을 만들 때 드는 막대한 제작비를 AI를 활용해 크게 절약했다.

맞춰 주는 AI 크리에이티브

AI는 소비자들의 데이터를 분석해 행동 패턴, 소비자의 주요 관심사, 인구통계학적 정보 등을 파악한다. 이를 통해 광고주는 특정 타깃을 대상으로 더욱 정교하고 효과적인 광고 캠페인을 운영할 수 있다. 예를 들어 구글의 스마트 캠페인은 AI를 활용해 키워드 선택, 입찰 전략, 타기팅 등을 자동으로 수행하며 광고 캠페인의 최적화를 도모하고 있다.

빨라지는 AI 크리에이티브

AI는 광고 전반에 걸쳐 시간과 노력을 절약해 준다. 광고를 제작하기 위해서는 제품에 관련된 분야에 대한 기본 지식과 시장 상황, 경쟁사 분석과 같은 자료를 숙지하는 시간과 노력이 필요한데 AI를 이용하면 순식간에 해결된다. 게다가 AI는 과거 전문가들만이 알 수 있었던 지식이나 기술들을 쉽게 이해하고 활용할 수 있을 정도로 데이터 활용 능력이 탁월하다. 또한 긴 영상에서 중요한 장면을 골라내서 편집하거나, 미세하게 색감을 조정해야 할 때도 전문가 수준으로 빠르게 처리할 수 있다.

대중적인 AI 크리에이티브

챗GPT와 같은 초거대 AI는 온라인상에 있는 사용자들의 다양한 의견에 대한 데이터를 가지고 있기 때문에 사람들의 보편적인 인식과 요구 사항을 수집하는 데 큰 도움을 줄 수 있다. 설명하기 어려운 추상적인 개념을 이미지 생성 AI를 활용해서 직관적이고 대중적인 이미지로 표현할 수도 있다. 새로운 기법의 크리에이티브를 시도하는 것도 가능하다. 예를 들어 역사적 인물을 현대에 등장시키거나 명화 스타일의 영상을 만드는 것처럼 AI는 기존 데이터를 학습해 인간이 원하는 독특한 크리에이티브를 만들어 낸다.

걱정하는 AI 크리에이티브

온라인에 존재하는 이미지 데이터를 수집하는 AI의 특성상, 원하는 이미지의 표본이 적으면 원하는 이미지를 생성하는 데 어려움이 있다. 예를 들어 AI가 수집하는 '미래' 키워드에 대한 이미지들의 경우 지나치게 디스토피아적으로 생성하는 경향이 있다. AI 데이터들 속에는 문화적, 지역적 차이도 존재하며 인종이나 정치, 종교 등의 선입견으로 AI가 찾아내거나 생성하는 결과물들이 종종 오류를 범한다. 이런 오류가 프함된 광고는 대중에게 불쾌함을 주고 부정확한 이미지와 문구를 생성할 수도 있는 위험성을 내포하고 있다. AI 프로그램별로 특유의 화풍이 존재하는 문제도 있었다. 미드저니는 채도가 과하게 높거나 세피아 톤의 이미지가 주를 이루고, 달리는 동화적인 이미지에 가깝다. 이처럼 AI가 만들어 낸 결과물이 아직은 어색한 표현이나 어울리지 않는 이미지 등으로 사람의 손을 거쳐야 하지만, AI 기술 성장 속도를 고려하면 이러한 문제도 점차 해결될 것으로 기대한다.

해결해야 할 AI 크리에이티브

AI의 기술적인 문제는 점차 해결되겠지만, 광고 크리에이티브를 만들어 내는 데서 더욱 근본적인 문제가 있다.

전문가들은 광고 캠페인의 핵심인 콘셉트 추출에서 AI가 아직 부족한 점이 많다고 지적한다. 광고 캠페인은 차별화된 콘셉트로 광고를 완성하는데, 콘셉트를 만들어내지 못하거나 이해하지 못한다면 광고의 모든 과정에 영향을 미치기 때문이다. 그 결과 AI 기술만으로는 광고의 모든 과정을 자동으로 진행할 수 있는 '완전한 자동화 시스템'에도 어려움이 존재한다. 그러므로 현시점에서 광고 크리에이티브를 위해 AI를 도입할 때는 오히려 AI를 활용할 수 있는 인력이 더 필요하고, 양질의 결과물을 만들기 위해 더 많은 데이터를 생성해야 한다. AI가 생성하는 결과물을 선택하기 위한 과정에서 사람의 역할이 여전히 존재하기 때문에 어떤 부분을 AI에 맡기고 어떤 방향으로 AI를 활용할 것인가에 대한 지속적인 연구가 선행되어야 할 것이다.

크리에이티브가 필요한 다양한 분야에서 AI를 활용하는 것은 어쩌면 당연할지도 모른다. 시대와 인간에게 새로움과 놀라움을 선사하는 이 시대의 창작자에게 이처럼 놀라운 기술은 또 하나의 영감인 동시에 꿈을 실현하는 또 한 번의 기회이기 때문이다. 하지만 크리에이티브 업계가 '이에 대해 충분히 대비가 돼 있다고 생각하는가?'는 스스로 질문해 봐야 할 문제다.

참고문헌

김영하(2023.10.24).반 고흐가 한국을 방문했다면…, IT Times, https://www.ittimes.com/news/articleView.html?idxno=9435

다른생각마케팅(2024.7.11). AI가 마케팅에 미치는 영향, AI가 만든 광고의 효과는? https://blog.naver.com/d_idea/223507040856

서유민(2023.9.20).AI와 광고, 광고 속 AI는 어디까지 도입되었을까?, 미디어유스, https://www.mediayouth.kr/news/734655

아드리엘(2023.10.5).요즘 뜨는 마케팅의 비밀! 생성형 AI 활용 광고 캠페인 모아보기, 애드옵스, https://www.openads.co.kr/content/contentDetail?contsId=11768

유다정(2024.6.27).AI 광고 어디까지 왔나…, 브랜드브리프, https://www.brandbrief.co.kr/news/articleView.html?idxno=7073

이상덕 외(2023.1.26). '생성형 AI'에 놀란 빅테크 … 2개월만에 미래전략 다 바꿨다, 매일경제, https://v.daum.net/v/20230126173301818

이시섭(2023.7.25). AI로만 만든 최초의 광고, 삼성생명 브랜드 캠페인, 제일매거진, https://magazine.cheil.com/53684

이해인(2023.8.24).10배 빠른데 가격은 10분의 1, 요즘 잘나가는 광고 감독은 AI, 조선일보, https://www.chosun.com/economy/tech_it/2023/08/24/ZM4IO5WQANEXNHEB2C3R74FQEY/

장준천(2023.3.21). '트렌드 분석에서 광고 카피까지 알아서 척척'…,

반론보도닷컴,
http://www.banronbodo.com/news/articleView.html?idxno=21472
주성호(2017.12.25).최초의 '인공지능' TV 광고는 26년전 '금성 OK세탁기', News1,
https://www.news1.kr/industry/general-industry/3188221
홍순성(2024.7.31).생성형 AI 영상 제작: 기업의 광고, 마케팅, 영화제 사례, 홍스랩,
https://sshong.com/blog/17089
히든 아카이브(2024.8.17). 2024 칸 광고제 수상작 | 킷캣의 이슈 활용 브랜드 캠페인, 타이밍의 승리.
https://blog.naver.com/ontoro/223551085752
Rainmaker(2023.5.21). AI가 만들어서 크게 주목 받은 코카콜라 광고, 보셨나요?
https://blog.naver.com/hobbesfan/223107440243

06
AI 시대 광고 캠페인 전략

싸워야 할 경쟁자가 되든, 도와주는 파트너가 되든 AI는 이미 사람들이 경쟁하는 링 위에 올라왔고, 경기는 시작되었다. 링 위에서는 이겨야 한다. AI가 스피드를 가졌다면 인간의 피드백을 앞세우고, AI가 온라인에서 압도적이라면, 오프라인으로 유인할 것. 졌지만 잘 싸웠다는 말은 링에서 내려온 후의 일이다.

실제로 미디어 환경이 빠르게 변화함에 따라 소비자가 제품이나 브랜드를 알고 경험하는 접점이 다양해지면서 이제 광고만으로 브랜드를 알리고 제품을 판매하며 소비자와 소통하는 것이 어렵게 되었다. 광고를 온라인이나 오프라인으로 나누는 것도 의미 없게 되었고, 다양한 온라인 플랫폼이 생겨나면서 광고가 아닌 다양한 콘텐츠로 광고 캠페인을 대신하기도 한다. 이렇게 광고 생태계가 바뀌면서 광고의 기능도 '미디어를 통한 메시지의 전달'이라는 전통적인 관점에서 '콘텐츠를 매개로 한 플랫폼에서의 만남'이라는 새로운 관점으로 변하고 있다. 그러므로 AI 시대에는 광고에 접근하는 방식도 바뀌어야 한다. 다양한 매체의 특성과 새로운 소비 패턴을 고려해 더욱 진화된 광고 캠페인 전략이 필요해 보인다.

제품이 아니라 브랜드

최근에는 브랜딩과 관련된 기업의 활동이 다각화되면서, 광고가 단순히 브랜드 이미지를 강화하는 일에서 벗어나 총체적인 브랜드 자산 및 브랜드 가치를 높이는 방향으로 그 역할이 변화되고 있다. 점차 제품의 주기는 빨라지고, 소비 트렌드는 다양해지고, 취향은 존중되는 시대에서 이제 광고는 단순히 제품을 판매하기 위한 수단에서 벗어나 마케팅 영역을 확장해 기업이 제품을 기획하고 브랜드를 만드는 초기 단계부터 관여할 필요가 있다. 광고의 영역을 브랜드 영역까지 확장한다면, 제품의 이름을 짓는 것부터 시각적 이미지와 비즈니스 모델 개발에 이르기까지 제품에 관련된 전 과정을 거치면서 크리에이티브를 통한 차별된 브랜드 아이덴티티를 만들고, 이를 확장할 수 있는 광고 캠페인 전략을 동시에 수립할 수 있게 된다. 이 결과 기업 내 조직과 시장의 고객이 가지는 브랜드의 개념을 더욱 명확하게 이해시킬 수 있고, 필요에 따라 브랜드에 새로운 개념을 더하고 재정의하면서 브랜드의 역할을 확장하고 광고 캠페인에 즉각적으로 반영하거나 브랜드 콘텐츠에 활용할 수도 있어 고객에게 브랜드에 대한 친밀도를 높일 수 있다. 브랜드는 소비자와 접촉하기 위해 변해야 할 것이고, 변화하는 브랜드를 위해서 광고는 선제적으로 대응해야 한다. AI가 발전하면서 광고의 역량을 향상시키기도 하지만, 브랜드와 소비자가 광고를 통하지 않고 직접 소통하는 기회가 될 수도 있음을 명심해야 한다.

브랜딩을 돕는 AI 기술

브랜드를 만들거나 관리하는 데 AI는 매우 유용하게 쓰일 수 있다. AI는 단순히 브랜딩뿐만 아니라 브랜드 운영과 실행 작업을 더 쉽고 간편하게 만들어 주며 생산성까지 크게 향상시킬 수 있다. 하지만 AI에만 맡기는 것은 위험하다. 브랜드는 신뢰도가 가장 큰 가치인데, AI는 특정 분야에서 편향적으로 보이게 하는 등 브랜드 안전성을 해칠 가능성이 존재하기 때문에 이를 철저히 대비해야 한다. 또한 현재 AI 기술은 기존 브랜드 가이드를 이해하고 실행하는 것이 어려울 수 있다. 이를 위해 AI를 위한 브랜드 지침이나 가이드를 만들거나, 블룸버그의 블룸버그 GPT와 같이 브랜드 데이터로 학습된 자체 AI 모델을 개발하는 브랜드가 늘어날 것으로 보인다.

브랜드의 핵심, 크리에이티브

AI가 대량 생산하는 브랜드를 시장에 내놓을수록, 고유한 서사와 오리지널리티를 가진 인간이 만드는 브랜드의 가치는 더 높아질 것이다. 브랜드의 개념은 독창성과 배타성, 그리고 신뢰도를 의미하는데 이런 점에서 보면 AI는 반(反)브랜딩적 요소를 가지고 있다. 차별적인 브랜드 이미지로 시장에서 자리매김하고, 소비자와 의미 있는 유대 관계를 맺고, 마케팅 활동을 지속하고 유지하기 위해서는 브랜드의 창의성을 발휘하는 브랜드 아이덴티티(identity)가 핵심이다. 바로 이 지점에서 크리에이티브가 필요한 것이다.

브랜드의 다각적인 활동

요즘 기업들은 이색적이고 흥미로운 방식의 콜라보 제품부터 협업 매장, 비주얼 이미지 등으로 고객에게 더욱 친근하게 다가가고 있다. 브랜드 스핀오프(spin-off)도 주목받고 있다. 스핀오프는 원래 본편이 아닌 파생작, 번외작을 뜻하는 미디어 용어로, 브랜드 스핀오프는 기존 제품이나 서비스에 새로움을 추가했다는 의미로 쓰인다. 브랜드의 핵심 가치는 유지하면서 브랜드의 이미지를 보완하거나 분리, 결합하는 과정을 통해 새로운 경쟁력을 갖추는 전략을 말한다. 명품 브랜드에서 젊은 세대를 겨냥한 세컨드 브랜드를 만들거나, 교육 브랜드가 고령화 사회에 맞춰 시니어 케어 사업에 뛰어드는 등 브랜드 경험을 넓히고 브랜드 영역을 확장하는 다양한 시도가 활발하게 이루어지고 있다.

이런 브랜드의 다각적인 활동을 위해서는 더욱 강력한 브랜드 아이덴티티를 구축하는 것이 중요하다. 그러므로 브랜드 아이덴티티를 정립하고 브랜드 스토리를 만들어 고객과 다양한 채널을 활용해 소통하기 위해서는 크리에이티브가 브랜드를 성장시키는 원동력이 될 것이다.

온라인 말고 오프라인

AI가 압도적인 영향력을 행사하는 온라인에서 광고의 입지가 좁아지고 있다면, 광고의 무대를 오프라인으로 옮겨 보자. 과거 오프라인에서 충족되지 않는 편의성과 접근성 등 기능적 측면을 온라인에서 공략했다면, 체험의 가치를 제공할 수 있는 오프라인을 공략하는 것이 새로운 크리에이티브 전략이 될 것이다. 사실 팬데믹 이후로 산업 전반에서 오프라인의 경험을 강화하는 움직임이 꾸준히 나타나고 있다. 단순히 억눌렸던 오프라인에 대한 수요가 돌아오는 '리오프닝 효과'이거나 소비자와의 접점을 늘리기 위해서가 아니라 오프라인에서만 경험할 수 있는 영향력을 실감하기 때문이다.

경험을 수집하는 시대

온라인에서 제품과 서비스에 대한 설명을 일방적으로 쏟아내는 것과는 달리, 브랜드를 직접 눈으로 보고 느낄 수 있는 오프라인은 시청각 자극뿐만 아니라 몸으로 느끼는 체험을 통해 브랜드에 대한 호감도를 자연스럽게 높일 수 있고, 브랜드 체험을 통해 사람들 간의 강력한 유대 관계를 형성할 수 있다. 또한 같은 공간에 모인 고객들이 직접 브랜드를 경험함으로써 브랜드 철학이나 가치를 하나의 문화처럼 즐길 수 있는 것이 특징이다.

소비를 추억하는 오프라인

브랜드를 만날 수 있는 오프라인 전략에는 대표적으로 팝업 스토어와 플래그십 스토어를 들 수 있다. 네이버 데이터랩에 따르면 최근 7년 사이 '팝업 스토어' 키워드 검색량은 무려 486%나 증가했다. 특히 엔데믹 이후 오프라인 활동이 본격화된 2022년부터 그 증가 폭은 점점 더 높아지고 있으며, 팝업 스토어를 방문하는 동기로 '체험'과 '경험'이라는 이유가 가장 많았다. 특히 색다른 경험과 이를 인증하고 공유하는 MZ세대는 브랜드 인지도의 상승과 함께 SNS 바이럴 효과를 동시에 노릴 수 있다. 이들은 자신이 체험한 것을 단순하게 '내 경험'으로 간직하는 데서 그치는 것이 아니라 다른 사람에게 공유하고 전파하고자 하기 때문에 새로운 트렌드를 형성하거나 확산하기 쉽다. 이제 단순히 물건을 소유하는 소비 대신 경험을 수집하는 소비의 시대가 된 것이다.

광고보다 콘텐츠

우리는 전례 없이 수많은 양의 정보와 콘텐츠에 노출되어 있다. '봐 줘야' 하는 볼거리, '콘텐츠'가 많아지면서 브랜드를 알리는 독특하고 재밌는 콘텐츠에 대한 소비자의 긍정적인 반응이 분명함에도 '광고는 이래야 한다'는 경직된 인식이 이런 활동의 장벽으로 작용하기도 한다. 단순히 경쟁사를 상대로 만들어진 광고 크리에이티브로는 AI 시대를 버티기 힘들다. 소비자를 사로잡는 좋은 광고를 만들기 위해서는 광고를 새로운 형태의 콘텐츠로 봐야 할 것이다. 이제 광고 크리에이티브는 제품에 대한 정보를 알리고, 경쟁에서 차별화되어야 할 뿐만 아니라 누구라도 즐길 수 있는 콘텐츠를 만들어 낼 수 있어야 한다.

콘텐츠를 생성하는 AI

디지털 콘텐츠에 모바일 기능이 강화되면서 콘텐츠의 다각화가 두드러진다. 예전에는 하나의 핵심적인 콘텐츠로 여러 메시지를 전달하며 커뮤니케이션을 진행했다면, 이제는 하나의 콘텐츠보다는 다양한 미디어의 특성에 맞는 여러 콘텐츠가 필요하다. 이처럼 기업들이 관리해야 할 채널이 점점 증가함에 따라 콘텐츠를 대량 생산하고 고객별 맞춤 콘텐츠를 제공하는 데 어려움에 빠지게 되는데, AI는 블로그 기사나 소셜미디어 게시물 및 광고 카피를 활용한 다양한 콘텐츠를 쉽고 빠르게 생성해 관련 콘텐츠를 제작하는 과정을 자동화함으로써 시간과 비용을 줄일 수 있다. 또한 AI를 콘텐츠 생성에 활용할 뿐만 아니라 브랜드와 기업을 대상으로 하는 구독형 서비스로 제공해 별도의 수익 모델화하는 전략도 가능하다.

콘텐츠를 창작하는 크리에이티브

콘텐츠의 특징 중 하나는 소비자가 변화를 주도한다는 것이다. 콘텐츠의 주기가 짧아지고 동일한 콘텐츠로는 고객들이 쉽게 싫증이 나기 마련이다. 따라서 콘텐츠들을 시리즈나 스토리텔링 형식으로 만들면서 소비자의 호기심을 지속해야 한다. 이를 위해서 고객의 흥미를 유발하는 크리에이티브는 광고뿐만 아니라 디지털 콘텐츠를 만들 때도 핵심 요소가 된다.

참고문헌

김대식 · 김혜연(2024.6.21). "AI 도구, 인간 브랜더 가치 더 높일 것", 아시아경제,

https://view.asiae.co.kr/article/2024062010174368037
모비인사이드(2024.7.8). 경험을 넘어 '체'험으로,
https://post.naver.com/viewer/postView.naver?volumeNo=38075712&memberNo=6457418
배성호(2024.8.12). '오픈런'하다 문 닫는 점도… '팝업스토어'를 아시나요?, 백세시대,
http://www.100ssd.co.kr/news/articleView.html?idxno=112626
양길모(2024.9.12). 색다른 맛 경험하고 싶다면…'던킨 원더스 청담', 더리포트,
https://www.thereport.co.kr/news/articleView.html?idxno=53616
우지수(2024.9.10). 오뚜기, 아시아나항공과 맞손…브랜드 경험 확대, 더팩트,
https://news.tf.co.kr/read/economy/2132722.htm
이민호(2023.11.2). 변화하는 소비자, 디지털 광고도 변해야 한다 [애드아시아 2023], 디지털 인사이트,
https://ditoday.com/변화하는-소비자-디지털-광고도-변해야-한다-애드아/
이서현(2024.2.18). 주체적인 라이프 스타일 '디토(Ditto) 소비', 소비자평가,
http://www.iconsumer.or.kr/news/articleView.html?idxno=26129
이승윤(2024.7.10). [유통 레이더] 세계 최초 AI가 만든 아이스크림 나온다..., 더벨류뉴스,
http://www.thevaluenews.co.kr/news/view.php?idx=184225
이현민(2024.5.2). 롯데칠성음료 '칠성 스테이션' 팝업스토어 운영..., 포쓰저널,

http://www.4th.kr/news/articleView.html?idxno=2061839

최빛나(2024.3.13). MZ세대의 최대 관심사는 '아트'...유통업계 일러스트 콜라보 MZ확보 주력, 메트로신문, https://www.metroseoul.co.kr/article/20240313500419

최영호(2023.5.24). 광고 및 기술 전문가들이 예측하는 광고 분야 AI의 미래, 매드타임스, http://www.madtimes.org/news/articleView.html?idxno=17706

07
광고 지능적 크리에이티브

창작을 고민하는 크리에이터들에게 요술봉이 생겼다. 텍스트 하나로 수천 개의 이미지가 만들어지고, 아이디어만으로 우주를 떠다니는 영상이 눈앞에 펼쳐지는 마법 같은 일을 AI가 해내고 있는 것이다. 하지만 AI가 누구나 가질 수 있는 요술봉이라면, 더 이상 특별한 것도 없다. 다만 어떤 소원을 말하느냐가 특별해질 뿐이다.

AI가 생각하는 방식은 광고인과 닮았다. 창의적 사고와 정형화된 프로세스가 공존한다는 점, 순수 예술과 달리 대중의 니즈를 반영해야 한다는 점 등이 유사하다. 이런 이유로 AI의 비약적인 발전은 광고 크리에이티브적 측면에서 유의미하다. AI 스크립트가 고도화되어 AI가 만들어 내는 작업물의 퀄리티도 높아지면서 크리에이티브 제작 과정을 간소화할 수도 있고, 새로운 유형의 소재를 효율적으로 만들어 낼 수도 있다. 그러므로 카피와 아트, 디자인과 영상, 음악 등 전문적인 분야에 AI가 제대로 활용된다면 광고 크리에이티브의 핵심적인 역할을 할 것으로 기대한다. 그동안 광고에서 예술과 경제의 개념이 혼재되어 있는 크리에이티브의 이해가 중요했다면, 이제는 인간과 AI가 공존하는 새로운 영역에서 크리에이티브를 생각하는 광고 지능적 크리에이티브가 중요해질 것으로 보인다.

대량화된 AI의 개인화 서비스

광고 산업에서 AI 기술의 가장 중요한 역할은 하이퍼타기팅(hyper-targeting)된 광고 캠페인을 만드는 능력이다. 알고리즘은 방대한 양의 고객 데이터를 분석해 개별 소비자를 정밀하게 타기팅할 수 있도록 한다. 강화학습

(Reinforcement Learning)을 거친 AI는 잠재 고객의 소비 패턴과 문제를 인식하고 적합한 광고를 제시하는 AI 기반 서비스를 제공한다. 이미 건강기능식품, 금융, OTT, 식품, 뷰티, 커머스 등 다양한 업종에서 AI 기반의 개인 맞춤형 서비스를 제공하고 있으며, 빅데이터를 기반으로 하는 초개인화 서비스는 지속적으로 연구될 것이다.

광고 지능형 전략 ①
빅데이터는 관심이지 진심이 아니다.

시장에서 메가 트렌드가 사라지고 있다. 메가 트렌드는 사회 대다수가 오랜 기간 동조하는 유행이다. 대신 마이크로 트렌드(Micro Trend)라는 단어가 생겼다. 짧은 기간에 소수가 동조하는 작은 트렌드다. 즉, '나'를 중시하는 문화가 보편화되며 다양한 취향이 공존하는 사회가 된 것이다. 빅데이터가 고객의 데이터를 학습할수록 정작 고객은 타인이 정해 준 삶의 흐름을 따르지 않고 적극적으로 자신을 표현하고 자신에게 집중하는 초개인화 사회를 만들어 내고 있다.

AI 시대의 소비는 만족이나 즐거움을 뛰어넘어 자신을 표현하는 하나의 방식이다. 최근 소비자들의 라이프스타일과 취향이 다양해지면서, 소비자는 유행이라는 큰 흐름보다는 개인의 가치관에 맞춰 주체적으로 소비하며 자신의 소비 행동에 대해 새로운 가치와 의미를 찾고 있다. 또한 과거와 달리 제품 구매에 앞서 적극적으로 탐색하고 소비한다. 평균적으로 다섯 개 이상의 웹사이트를 비교한 뒤 구매하기 때문에 AI가 제안하는 광고보다는 실제 구매한 사용자들의 후기를 더 비중 있게 찾아본다.

다시 말해 기술이 진화할수록 고객은 데이터가 알아내지 못하는 새로운 가치와 만족을 위해 소비를 할 것이다. 기업들은 AI 기술을 기반으로 개인 맞춤형 광고를 제공하고자 하지만, 여기서 간과하고 있는 것은 사람들의 진심이다. 사람은 단순히 습관적인 패턴이나 기계적인 논리로 움직이지 않는다. 기술이 읽어 내는 빅데이터의 흐름을 거스르는 것이 바로 인간이기 때문이다. 그러므로 광고 크리에이티브를 위해 빅데이터가 학습한 고객의 관심과 구매를 결정짓는 고객의 진심을 구분하고 연결 짓는 광고 지능적 사고가 더욱 필요해질 것으로 보인다.

AI 대중화 시대의 개막

챗GPT가 대중에게 공개되면서 생성형 AI에 대한 인식은 빠르게 변했다. 초창기에는 AI 기술에 거리감을 느끼고 접근하는 것조차 어려웠지만 이제 AI는 누구나 활용할 수 있게 되었고 대중적인 서비스로 자리 잡아 'AI 대중화 시대'가 열렸다. 메조미디어가 발표한 '생성형 AI에 대한 소비자 인식 조사' 리포트에 따르면 1050세대 10명 중 4명은 AI 서비스 이용 경험이 있으며, 특히 10대가 49%, 20대가 46%로 높았다. 가장 많이 이용한 서비스는 사람처럼 대화가 가능하며 기사, 소설, 시 등의 창작물을 만들어 주는 '텍스트 생성 AI'가 23%로 나타났다. 그 뒤로 이미지 생성 AI(18%), 동영상 생성 AI(15%) 순이었다.

AI 서비스 이용 경험이 가장 높은 10대를 알파 세대라고 부른다. 알파 세대는 2011년부터 2025년까지 출생한 세대로, 2018년 호주의 사회학자인 마크 매크린들(Mark Mccrindle)이 만든 용어다. 1980년 이후 출생 세대인 M세대는 이미 중년으로 가고 있고, Z세대는 본격적인 구매력을 확보한 세대로 이제 알파 세대가 새로운 경제 주체로 주목받고 있다. MZ세대 이후의 신(新)소비 주체인 알파 세대를 공략하기 위해 금융 · 유통 등 경제 분야에서도 다양한 마케팅 활동이 전개되고 있다. 알파 세대는 스마트폰을 신체의 일부처럼 생각하고 가상 세계에 대한 거부감이 없으며, 인공지능이나 로봇과의 교류를 자연스럽게 받아들이는 특징을 보인다. 그러므로 이런 알파 세대에게 AI는 더 이상 혁신적인 기술이나 놀라운 변화가 아니라 지금의 스마트폰처럼 일상을 편리하게 만들어 주는 하나의 기술에 불과할 것이다.

크리에이티브의 일상화

팬데믹으로 인해 사람들이 디지털 공간에 몰리면서 크리에이티브의 의미는 확대되었다. 흔히 광고업계에서 '크리에이티브(creative)'라는 용어는 전문 분야의 특정 업무를 지칭해 왔다. 하지만 다양한 플랫폼에서 자신만의 콘텐츠를 만드는 1인 크리에이터의 전성시대가 열리면서 크리에이티브는 일상적인 용어가 되었고 크리에이티브 영역은 확장되었다. 대중적 인지도가 높거나 제법 잘 알려진 셀럽(celebrity)까지 1인 크리에이티브 시장에 뛰어들고 있다. 이른바 '조회수'나 '구독'의 비율이 높고 구독자가 많아지면 금전적인 이익까지 얻을 수 있게 되면서 '1인'이라는 말이 무색하게 전문 방송사나 영상 매체들이 고급 장비와 인원을 동원해 제작하기도 한다. 이렇듯 이제 누구나 크리에이티브의 소비자이자 생산자로 참여할 수 있게 되면서 글, 사진, 영상 등을 누구든지 창작하고 공유한다. 모두가 창작자가 될 수 있으므로 크리에이티브 능력은 이제 특정한 집단이 아닌 모두에게 필요한 덕목이 된 셈이다.

광고 지능형 전략 ② 모두의 AI는 더 이상 특별하지 않다.

새로운 기술이 익숙해지는 순간이 있듯이, 우리도 언젠가는 AI 기술을 생활의 일부로 자연스럽게 받아들이는 날이 올 것이다. 그러므로 누구나 AI를 사용할 수 있게 된다면, AI가 만들어 낸 크리에이티브는 더 이상 특별하지 않을 것이며 크리에이티브는 다시 인간의 몫이 될 것이다. 고유한 인간이 만들어 내는 크리에이티브는 언제나 새롭고 특별하기 때문이다. 그러므로 크리에이터들은 창작을 하는 AI를 두려워할 것이 아니라 모두가 크리에이티브를 만들어 낼 수 있다는 사실에 긴장감을 가져야 한다. 인간이 가진 잠재력은 AI처럼 분석하거나 예측하는 것도 불가능할 만큼 무궁무진하므로, 좋은 크리에이티브는 어디서나 생겨날 수 있고 크리에이터의 경쟁자는 AI가 아니라 세상 누구라도 될 수 있음을 잊지 말아야 한다.

AI라는 기술은 누구에게나 평등하다. 그러므로 같은 문제에 대한 해결책은 똑같을 수밖에 없다. 같은 시장 상황에서 같은 제품과 같은 고객을 위해 AI가 내놓는 크리에이티브는 경쟁자들 모두와 똑같을 것이다. 하지만 평등한 크리에이티브는 존재 이유가 없다. 크리에이티브는 언제나 다름을 만들어 내야 하고, 차별화해야 한다. 평범한 일상에서도 다른 트렌드와 새로운 이슈를 만들어 내기 위해서 AI를 활용하는 자신만의 전략을 가져야만 크리에이티브의 가치를 논할 수 있는 것이다.

인식을 바꾸는 크리에이티브

일본은 '철도의 나라'라고 불릴 만큼 열도 전역에 철도가 깔려 있고, 국민들의 철도 이용률도 높다. 하지만 일본 내 47개의 현을 모두 방문한 사람의 비중은 단 6%다. 이처럼 기차가 출발지에서 목적지로 이동하는 단순한 교통 수단에 불과하다는 일본 국민들의 인식을 개선하고자 '마이 재팬 레일웨이(My Japan Railway)' 프로젝트는 시작됐다. 흔히 사람들은 뜻밖의 순간을 즐길 수 있는 '과정의 즐거움'을 찾기 위해 여행을 떠난다. 여행에 대한 이러한 사람의 마음에 접근해, 기차에 대한 사람들의 인식을 교통 수단에서 여행 수단으로 변화시키기 위해 각 역의 개성을 살린 스탬프를 만들어 표현함으로써 '마이 재팬 레일웨이' 프로젝트는 기차를 타는 행위를 단순한 이동에서 하나의 인터랙티브한 활동으로 변화시켰다. 이후 방문객이 드물었던 지역의 기차역은 해당 역의 스탬프가 희귀하다는 이유로 지역 방문자가 늘어나는 등 긍정적인 효과와 더불어 소외된 지역의 활성화까지 이룬 성공적인 사례가 되었다.

문제를 해결한 크리에이티브

'The DiversiTree' 프로젝트도 같은 맥락이다. 세계적인 제약회사 바이엘(Bayer)은 알레르기 비염 치료제 클라리틴(Claritin)을 개발하면서, 2040년까지 꽃가루 수치가 두 배로 증가할 것으로 예상해 꽃가루를 흡수하는 암나무를 심어 알레르기 증상을 완화하는 'The DiversiTree' 프로젝트를 진행했다. 이 캠페인이 칸 라이언즈에서 금사자상을 수상하면서 브랜드 인지도가 상승하고, 광고 회상도 또한 3.4배 상승했다. AI는 빅데이터를 통해 사람들이 알레르기로 고통 받고 있다는 것은 학습하지만, 직접 고통을 느껴 본 사람들만이 이런 경험을 브랜드 메시지와 연결해 공감할 수 있는 크리에이티브를 만들어 낸다. 암나무를 생각해 낸 것이 놀라운 발견은 아니었다. 나무에도 암나무와 수나무가 있고, 도심에는 주로 꽃가루가 발생하는 수나무가 많고 꽃가루를 흡수하는 역할을 하는 암나무가 부족하다는 사실은 이미 많은 식물도감에 기록된 내용이다. 전문 지식을 학습하고 분석하는 데 탁월한 능력을 갖춘 AI이지만 서로 다른 분야의 전문 지식을 연결하고 해답을 찾아낸 것은 결국 사람이었다.

광고 지능형 전략 ③
크리에이티브의 중심은 사람이다.

AI가 만들어 낸 광고를 보면서 느끼는 광고인의 두려움을 이해한다. 하지만 광고에서 중요한 것은 고객을 위해 크리에이티브를 만들어야 한다는 점이다. AI는 이미지를 생성하거나 문장을 쓸 수 있지만 자신이 쓴 내용이나 생성한 이미지를 인간처럼 이해하지 못한다. 인간이 가진 특별한 기술은 사물을 다각적으로 볼 수 있고, 그것이 누군가에게 어떤 느낌을 줄 수 있는지 진정으로 이해하며, 이것이 다른 인간과 연결될지를 알 수 있다는 것이다. AI가 아무리 미려하고 시선을 끄는 크리에이티브를 만들더라도 사람의 마음을 움직이는 것은 사람만이 할 수 있다. 그러므로 고객을 사로잡고 설득하기 위해서 광고 크리에이티브는 고객의 마음을 이해해야 한다. 편리함보다 풍요로움을, 기능보다 감성을, 효율성보다 꿈을 중요하게 생각하고 데이터가 아닌 사람에 집중하는 것이 사람의 행동을 변화시키고, 크리에이티브의 진정한 가치를 만들 것이다. 그러므로 사람을 중심으로 크리에이티브를 생각한다면, AI 시대를 맞이하는 불안한 마음은 기대감으로 바뀔 것이고, 크리에이티브를 위해 더 많은 기회가 보일 것이다.

광고 지능형 크리에이티브

AI가 인간의 크리에이티브를 대신할 수는 없지만, 크리에이티브를 처음 생각할 때 막막한 백지 상태를 벗어날 수 있도록 도와줄 수 있을 것이다. 한편 AI를 통해 다른 사람들의 지식과 생각을 접하면서 자신의 경험과 지식의 한계를 뛰어넘어 생각의 폭을 넓힐 수 있을 것이다. 지식과 추론은 AI가 더 잘할 수 있음을 인정하는 대신, 인간의 공감과 비판력, 스토리텔링 능력을 함양하기 위해 스스로 노력하는 것이 광고 지능적 크리에이티브가 될 것이다. 크리에이티브라는 본질은 늘 변함이 없다. 하지만 크리에이티브를 만들어 내는 수단과 방법들은 지속적으로 변하고 발전할 것이다. 그러므로 크리에이티브 전문가들은 기존 방식에 얽매이지 않고 AI라는 도구를 효과적으로 사용하면 된다.

크리에이티브 전문가들의 AI를 향한 시선에는 여전히 기대와 경계가 공존하고 있다. 의심할 여지 없이 AI는 크리에이티브를 위한 훌륭한 도구다. 하지만 예리하고 날카로운 도구는 언제나 위험성이 내포되어 있음을 잊지 말아야 한다. AI를 누가 어떻게 쓰느냐에 따라 결과물은 달라지기 때문에 AI의 스마트한 사용자로서의 역할이 중요하다. 우리가 스마트폰을 통화 외에 학습, 게임, 콘텐츠 제작, 메신저 등 다양한 용도로 잘 활용할 수 있는 것은 스마트폰을 사용하는 방법을 잘 알기 때문이다. 그러므로 AI 크리에이티브를 사용하는 주체로서 책임감을 가지고 AI를 제대로 활용하는 방법을 적극적으로 탐구하고 꾸준히 연구해야 하는 것이다.

참고문헌

군밤(2023.8.15). 빅데이터의 힘과 한계.
https://bfgssoboz410.tistory.com/354

권혁준(2023.1.30). 친구보다 AI가 더 익숙한 세대… 알고리즘 편향성 경계 필요, 영남일보,
https://www.yeongnam.com/web/view.php?key=20230129010003645

김동원(2022.4.23). [AI북터뷰] "우리는 어떻게 AI와 공존할 수 있을까?"..., AI타임스,
https://www.aitimes.com/news/articleView.html?idxno=1

44210
김세은(2024.4). AI 시대의 크리에이티브 ① 브랜드의 크리에이티브 담당자라면 알아야 할 AI의 3가지 특징. Think with Google, https://www.thinkwithgoogle.com/intl/ko-kr/future-of-marketing/creativity/ai-시대의-크리에이티브-1-ai의-3가지-특징/
다른생각마케팅(2024.7.11). AI가 마케팅에 미치는 영향, AI가 만든 광고의 효과는?
https://blog.naver.com/d_idea/223507040856
박수형(2023.6.30). 광고 마케팅에는 AI 기술을 어떻게 활용할까, 지디넷코리아,
https://zdnet.co.kr/view/?no=20230630194941
안은서(2020.10.20). 1인 크리에이티브 시장의 성장 속 정보 판별력 키워야, Biz경영,
https://bizm.kr/archives/30507
유승철(2023.4.4). 생성형 AI시대의 마케팅, 어디로 가는가, 반론보도닷컴,
http://www.banronbodo.com/news/articleView.html?idxno=21521
윤소희(2024.1.12). AI, 광고 업계를 이끌다…"이젠 초개인화 시대", 매거진한경,
https://magazine.hankyung.com/business/article/202401120610b
이민호(2023.11.2). 성공적인 캠페인? "비결은 사람에 집중하는 것" [애드아시아 2023], 디지털 인사이트,
https://ditoday.com/성공적인-캠페인-비결은-사람에-집중하는-것-애/
이시섭(2023.07.25). AI로만 만든 최초의 광고, 삼성생명 브랜드 캠페인, 제일매거진,

https://magazine.cheil.com/53684
장준영(2023.11.3). “앞으로 AI 받아들인 광고 회사만 살아남는다” [애드아시아 2023], 디지털 인사이트, https://ditoday.com/앞으로-ai-받아들인-광고-회사만-살아남는다-애드/
장준천(2023.3.21).'트렌드 분석에서 광고 카피까지 알아서 척척'…, 반론보도닷컴, http://www.banronbodo.com/news/articleView.html?idxno=21472
최영호(2023.5.24). 광고 및 기술 전문가들이 예측하는 광고 분야 AI의 미래, 매드타임스, http://www.madtimes.org/news/articleView.html?idxno=17706
표권향(2023.12.27). 생성형 AI 대중화 시대, 익숙하지만 만족도·신뢰도는 '보통', 스포츠서울, https://www.sportsseoul.com/news/read/1384369
홍순성(2024.7.31).생성형 AI 영상 제작: 기업의 광고, 마케팅, 영화제 사례, 홍스랩, https://sshong.com/blog/17089

08
크리에이티브 불변의 법칙

어두운 곳에서는 반짝이는 것이 시선을 사로잡고, 모두가 목소리를 높일 때는 속삭이는 소리에 귀를 기울이게 된다. 청바지를 찢고 세상에 반항하는 X세대를 보고 자란 MZ세대는 소확행을 꿈꾸며 꾸안꾸를 추구한다. 이렇게 크리에이티브는 기존 틀을 깨고 반대로 생각해서 새로움을 창조하며 언제나 다름을 만들어 낸다.

기술의 발전은 편리함과 즐거움은 물론 경제적 성장을 가져왔고 글로벌을 넘어 전 세계를 하나로 이어 주는 온라인까지 영토를 확장시켰다. 하지만 온라인에 빠져 살던 사람들이 점차 현실에서 감각을 느낄 수 있는 오프라인으로 돌아오면서 필름 카메라, LP판 등 레트로가 유행하고 체험 마케팅이 속속 등장했다. 이렇게 온라인(정, 正)과 오프라인(반, 反)에 대한 사람들의 상반된 욕구는 마침내 가상의 현실 세계인 메타버스(합, 合)를 탄생시키는 계기가 되었다. 이처럼 무엇을 '창조한다'는 것은 우리가 알고 있는 것, 지금 보고 있는 것, 여기 존재하는 것과는 달라야 한다는 전제가 있다. 새롭고 혁신적이지 않다면 크리에이티브라고 볼 수 없다. 그렇다면 남다르게 생각해야 하는 크리에이티브가 어떻게 변화하는 시대에 대중을 이끌어 가는 트렌드가 되고, 문화가 될 수 있는지 살펴보자.

크리에이티브 이론

'정(正)·반(反)·합(合)'이라는 개념은 게오르크 헤겔의 변증법으로 많이 알려져 있다. 인간이나 사물에 대한 인식이 정반합의 3단계를 거쳐서 전개된다는 이론이다. 이는 문제를 해결하는 논리적 구조를 넘어서 높은 수준으로 발전하는 과정을 의미하는 것인데, 헤겔은 변증법적 사고방식을 통해 역사와 사회는 진보한다고 설명한다. 쉽게 말하면, 어떤 현상을 설명하는 하나의 이론(정, 正, Thesis)이 등장하면, 그것을 반박하는 또 다른 이론(반, 反, Antithesis)이 등장하고, 서로 상반된 이론이 충돌하며 일정한 합의점에 도달하는 새로운 이론(합, 合, Synthesis)을 도출한다는 것이다. 광고에서 가장 중요한 것은 고객이다. 그러므로 광고 크리에이티브의 핵심은 고객이 듣고 싶은 말을 찾는 것이다. 그렇다면 고객을 어떻게 정의하느냐가 크리에이티브의 방향을 결정할 수 있다. 광고 크리에이티브의 대상이 되는 고객을 정의하는 데 헤겔의 변증법적 사고를 적용해 보자.

정(正) : 광고는 고객을 이성적으로 설득해야 한다.

인간은 이성적인 동물이기 때문에 고객에게 소비의 당위성과 인과관계를 설명해야 한다. 단, 인간이 원하는 것과 필요한 것을 정확하게 구분하고 시간과 비용을 고려해 경제적으로 소비하는 냉철한 AI와 같다면 말이다. 만일 모든 고객이 이성적이라면, 소비에서 심리적 만족을 우선시하는 '가심비'나 착한 가게를 소비로 응원하는 '돈쭐'과 같은 트렌드는 생겨나지 않을 것이다.

반(反) : 광고는 고객과 감정적으로 연결해야 한다.
물론 광고는 고객을 사랑하는 마음을 담아야 한다. 하지만 고객이 브랜드를 사랑하기 위해서는 감성팔이만으로는 부족하다. 아무리 인간이 감정을 가진 존재라고 해도 소비는 돈이 걸린 일이기 때문에 제품이나 서비스에 대한 궁금증을 설명하고 설득할 수 있어야 한다.

이 상황에서 고객을 어떻게 정의하는가는 광고 크리에이티브를 만들어 가는 하나의 열쇠가 될 것이다. 창과 방패와 같이 팽팽하게 대립하는 두 세계의 논리를 모두 수용하는 새로운 합을 발견해 내는 과정이 바로 남들과는 다름을 만들어 크리에이티브가 된다. 제품에서 모순을 발견하고 해결하는 것이 바로 혁신이 되듯이, 성공 요인과 실패 요인을 찾고 이를 바탕으로 더 나은 전략을 세우다 보면, 크리에이티브를 만들어 내는 변하지 않는 법칙과 자신만의 정해진 해결 방법을 찾게 될 것이다.

크리에이티브 실전

크리에이티브와 관련된 분야는 항상 놀라운 이슈나 AI와 같은 혁신적인 기술을 활용해 새로운 것을 만들고 싶어 한다. 하지만 AI가 창작의 영역에 활용되면서 사람들의 시선이 사람이 아니라 데이터를 향하고 있다는 사실은 광고인이자 크리에이터의 한 사람으로 우려하는 점이다. 절대 잊지 말아야 할 것은 크리에이티브 산업은 인간 중심의 비즈니스라는 점이다. 인간은 공감으로 이해할 수 있는 존재이지 분석으로 이해할 수 있는 존재가 아니다. 물론 누군가의 마음을 얻고 공감을 이끌어 내는 일이 쉬울 수는 없다. 하지만 인간이 AI와 크리에이티브로 경쟁을 해야 한다면, 인간의 마음을 얻는 일은 단연코 인간이 AI보다 유리할 것이다. 크리에이티브의 종착지는 결국 인간이기 때문이다. 그리고 크리에이티브는 자료나 데이터가 아니라 사람과 만나고 마음을 부딪치는 과정에서 생명력을 얻는 것이므로 크리에이티브의 실전은 인간을 이해하는 것에서부터 시작된다.

문화 코드를 활용하라.

인간은 자신과 연관성이 있는 집단에 대한 소속감을 중요하게 여긴다. 그런 의미에서 브랜드는 인간과 인간을 하나로 모아 주는 매개체가 될 수 있다. 세계적인 문화 아이콘으로 자리매김한 코카콜라는 단순한 음료가 아니라 청바지나 로큰롤처럼 젊은 세대의 마음을 대변하고 연결하는 하나의 문화였기에 오늘의 성공이 있었다. 그러므로 사람들 사이에서 흥미로운 이야기나 콘텐츠를 만들어 고객의 생각과 감정을 공유할 수 있도록 크리에이티브가 브랜드와 광고 캠페인에 맞춰 문화적 코드를 새롭게 해석한다면 크리에이티브는 시대를 아우르는 힘을 갖게 될 것이다.

실수와 오류를 주목하라.

3M에서 접착제를 연구하던 한 직원의 실수로 생겨난 포스트잇은 실패한 발명품이었다. 인간은 늘 이런 실수를 하고 가끔 오류를 범한다. 만일 AI가 처음 개발한 포스트잇을 평가했다면, 접착력에 치명적인 문제점을 발견하고 폐기했을 것이다. 하지만 인간은 그런 오류에서 또 다른 가능성을 발견하고 놀라운 것을 창조한다. 그러므로 제품의 단점이나 소비자의 불만에서도 독창적인 크리에이티브를 만들어 낼 줄 알아야 한다.

고유한 매력을 유지하라.

크리에이티브의 탄생과 소멸은 어쩌면 인간과 닮았다. 저마다 특별함을 지니고 있는 인간처럼, 고유의 가치를 지닌 크리에이티브는 다른 것과 구별되는 매력으로 오랫동안 사랑을 받는다. 입이 없는 캐릭터 헬로키티는 보는 사람의 감성을 파고드는 고유한 매력으로 캐릭터의 신화가 되었다. 이렇듯 독특하면서 차별적인 이미지로 만들어진 브랜드는 고유의 아이덴티티를 가지고 있어 콘텐츠나 광고 캠페인에서 일관성을 만들어 내며, 이렇게 쌓아 올린 브랜드 신뢰도는 기업의 자산을 창출하고, 비로소 크리에이티브의 가치를 증명하는 것이다.

크리에이티브 법칙

광고를 둘러싼 미디어와 환경이 아무리 바뀌어도 사람들의 관심을 끄는 본질은 결국 크리에이티브다. 광고 크리에이티브 전략은 타깃을 잘 정의하고 광고 목표와 콘셉트를 토대로 차별화된 캠페인을 만들어 가는 과정이라는 점에서는 변화가 없다. 혁신을 만들기 위해서는 인간의 상상력과 창의력이 필요하듯이, 크리에이티브에서 중요한 것은 예기치 못한 변수를 어떻게 효율적으로 이용하느냐에 있다. 광고를 만들기 위해 또는 무엇인가를 새롭게 창조하기 위해 크리에이티브의 본질을 제대로 파악한다면, 끊임없이 변화하는 흐름이나 트렌드를 예측하는 중요한 이정표를 세우고 자신만의 길을 개척해서 목적지로 가는 다양한 방법을 제시할 수 있을 것이다. AI가 만들어 내는 크리에이티브에 매몰되지 않고, 기본에 집중하고, 생각을 바꾸고, 한계를 넘어서는 것이 시대를 아우르는 크리에이티브 불변의 법칙인 것이다.

참고문헌

네이버 지식백과. 변증법.
https://terms.naver.com/entry.naver?docId=1101985&cid=40942&categoryId=31530

오윤희(2024). 『정반합 히트상품을 만드는 가장 빠른 키워드』. 페이지2북스.

이중민(2022.2.28).[칼럼] 메타버스 중독. 아트인사이트,
https://www.artinsight.co.kr/news/view.php?no=58600

주재현(2024.3.17). "AI시대 생존법은 인간다움…나만의 창조성·영감 키워야". 서울경제,
https://www.sedaily.com/NewsView/2D6O806IEI

하하호호(2023.6.3). 코카콜라의 성공비결 탄생 스토리.
https://incomeplus.tistory.com/1295

Cloud9(2024.9.22). 코카콜라의 역사.
https://blog.naver.com/autumn-93/223591997749

Creed. G. & Muench. K.(2021). *R.E.D. Marketing: The Three Ingredients of Leading Brands*. HarperCollins Leadership.

09
철들지 않는 크리에이티브

자유롭게 하늘을 나는 꿈, 달나라로 여행을 가는 꿈들을 현실로 만든 것은 기술이다. 그래서 기술은 언제나 인간의 동경이자 염원이었다. 이런 기술이 만든 AI가 꿈의 기술인 것은 틀림없다. 하지만 AI는 인간처럼 꿈을 꾸지는 못한다. 그리고 크리에이티브는 철들지 않는 아이처럼 인간이 꿈꾸고 상상하는 곳에 늘 존재한다.

아이(I)와 같은 크리에이티브한 생각

미국 간편식 브랜드 런처블(Lunchables)이 광고회사 굿바이 실버스타인 앤드 파트너스(Goodby Silverstein & Partners)와 협업한 신규 캠페인에서 어린아이와 AI의 상상력 대결을 성사시켰다. 대결의 주제는 런처블의 제품으로 '멋진 것'을 자유롭게 만들어 달라는 것이었고, 아이와 AI에게 각각 요청한 결과는 매우 극명한 차이를 보였다. AI는 완성도 높은 이미지를 생성했지만, 결국 '음식'의 범주 밖으로 벗어나지 못해서 상상력이 부족하다는 의견이었다. 그러나 아이들의 결과물은 달랐다. 런처블 제품의 모양이나 맛, 느낌 등에서 연상할 수 있는 닌자, 잠수함, 문어 등의 소재를 가지고 풍부한 상상력으로 독특하고 흥미로운 이미지를 직접 만들어 냈다. 더 나아가 제품과 닌자가 땅콩버터를 내뿜는 드래곤과 싸우는 모습을 설명하며 제품에 대한 스토리까지 들려주었다. 이로써 아이(I)의 상상력은 AI와 감히 비교할 수 없는 수준임이 증명되었다. 그리고 우리는 모두 한때 이렇게 풍부한 상상력으로 매일 꿈을 꾸는 아이였다.

크리에이티브를 만들기 위해서는 생각 자체가 새롭고 신선해야 한다. 정해진 사고의 틀을 벗어나 편견이나 선입견 없이 무엇이든 받아들이고 자유롭게 생각하는 철

없는 아이와 같은 시선을 가지는 것이 크리에이터에게는 중요하다. 그래서 세상 모든 크리에이터의 뮤즈는 아이다. 그러므로 인간의 크리에이티브는 아이처럼 영원히 철들지 않아야 한다. 그렇다고 아이와 같은 시선만으로 크리에이티브가 완성되는 것은 아니다. 돌덩이 하나를 다르게 보는 시선으로 원석을 발견했다면, 투박하고 거친 생각을 갈고 닦아서 찬란한 빛으로 반짝이는 보석을 만드는 과정과 노력이 필요하기 때문이다. 게다가 광고 크리에이티브는 소비자의 니즈를 반영하고 브랜드의 정체성을 담아야 하기 때문에 광고 요소와 크리에이티브 요소의 균형을 맞추는 것도 매우 중요하다.

크리에이티브가 탄생하는 과정

학자마다 조금씩 다르지만 인간이 만들어 내는 크리에이티브의 특성을 연구하고 창의적 사고의 과정과 단계를 구분하려는 노력은 끊임없이 이어져 왔다. 수많은 학자 중에 창의적 사고의 과정을 선구적으로 연구한 학자는 영국 심리학자 그레이엄 월러스(Graham Wallas)다. 그는 1926년 저서 『사고의 기술(The Art of Thought)』에서 크리에이티브 사고 과정을 4단계로 설명했는데, 이는 아직도 많은 사람들이 창의적 문제 해결의 전형으로 받아들이고 있다.

창의적 사고 과정(Creative Thinking)

1. 준비 단계 (preparation stage)
자료를 수집하고 분석하는 단계

▼

2. 부화 단계 (incubation stage)
사고 휴지기로 무의식적 활동 단계

▼

3. 발현 단계 (illumination stage)
문제의 해결안이 산출되는 단계

▼

4. 검증 단계 (verification stage)
해결안을 검증 · 발전시키는 단계

그러니까 인간이 크리에이티브를 만드는 창의적 사고에도 인간만의 고유한 알고리즘이 존재한다는 것이다. 그렇다면 이와 같은 알고리즘을 AI에 학습시키면 AI의 크리에이티브도 인간과 닮지 않을까? 1단계인 준비 과정에는 방대한 양의 데이터를 순식간에 모아 분석해 주는 AI 기술이 확실한 도움을 줄 것이다. 일반인들이 접근하기 어려운 전문적인 분야나 특정한 지식에 대해서도 AI는 친절하게 설명해 주며 원하는 자료나 지식을 가져다줄 것이다. 그러나 각 단계를 AI가 온전히 이해하거나 따라 하기에는 한계가 분명하다. 무엇보다 각각의 단계를 거치면서 유기적으로 연결하는 능력은 인간의 영역이기 때문이다.

독일의 저명한 화학자 프리드리히 아우구스트 케쿨레(Friedrich August Kekule)는 1865년 어느 날 벤젠의 분자 구조식을 고민하며 난롯가에서 졸다가 꿈을 꾸었다. 탄소 원자와 수소 원자가 춤을 추며 한 마리 기다란 뱀이 되었다가 그 뱀이 입으로 자기 꼬리를 물어서 고리 모양이 되는 꿈이었다. 케쿨레는 꿈속의 모습을 바탕으로 벤젠의 완벽한 구조식을 밝혀냈다. 케쿨레의 경우를 보더라도 뱀과 벤젠의 분자 구조식 사이의 연관성은 제로에 가깝다. 그저 꿈이라서 가능한 이야기이고, 그 꿈을 통해 분자 구조를 해석해 내는 일은 케쿨레만의 능력이기 때문이다. 무엇보다 사고 과정의 2단계인 인큐베이션은 AI와 인간의 크리에이티브를 결정짓는 가장 큰 차이라고 볼 수 있다. 부화하는 단계, 즉 인큐베이팅(Incubating)이란 새나 닭이 알을 품고, 새끼가 껍질을 깨고 밖으로 나오는 것을 말하는데 크리에이티브가 생명력을 갖는 과정을 뜻한다. 문제를 의식적으로 생각하지 않고 기다려야 하지만 완전한 단절을 뜻하는 것이 아니며, 문제에서 벗어나는 것이지만 문제 해결에 대해 언제나 마음을 쓰고 있다는 뜻이기도 하다. 그러므로 아무것도 하지 않지만 무엇이든 해야 하는 이 과정은 AI가 모방하거나 경험할 수 없는 인간의 고유한 기술이다. 요리라고 치면 숙성이나 발효와 같이 그대로 두는 절대적인 시간이지만, 숙성이나 발효에 맞는 온도와 습도 등 환경을 지속적으로 유지해야 한다. 이 과정에서 크리에이티브의 맛이 좌우된다.

아이와 같은 상상이 날것의 신선한 재료라면, 자료와 데이터, 레퍼런스와 트렌드 등이 양념처럼 재료에 스며들고 인간의 인사이트라는 손맛이 더해져 숙성 기간을 거치면서 갑자기 툭, 아이디어가 떠오른다. 그것을 검토하고 발전시켜야 비로소 크리에이티브가 완성되는 것이다.

AI와 I의 크리에이티브적 차이

베토벤이 남긴 미완성 교향곡을 AI가 완성했다. 베토벤의 탄생 250주년이었던 2020년, '베토벤 교향곡 제10번:

AI 프로젝트(Beethoven X: The AI Project)'로 음악계와 과학계의 대대적인 협업이 진행되었다. 이 프로젝트를 지휘했던 서울시립교향악단의 부지휘자는 "AI가 만든 교향곡 제10번은 베토벤 교향곡 제5번(운명)의 카피라고 느껴질 만큼 흡사했다"고 평가했다. 한 음악 평론가는 "사람들은 단지 베토벤의 음악에서만 마음이 움직이는 것이 아니라 베토벤이 특정 악상을 선택한 의지, 화성을 사용하는 방식의 창의성, 음악적 고집은 물론 청력을 잃은 상태에서도 음악을 만들어 내는 불굴의 의지에서 큰 감동을 느낀다"고 말했다.

반 고흐의 그림이나 베토벤의 음악이 사랑받는 이유는 그들의 고통과 경험으로부터 전해지는 감상이 있기 때문이다. 이런 예술 작품은 고통 속에서 느껴지는 파토스(pathos)와 같은 감정적 전율인 아우라(aura)를 포함하며 이는 온전히 인간만이 느낄 수 있는 영역이다. AI는 인간의 의식 과정을 디지털화된 방식으로 모방할 뿐, AI가 직관적으로 깨달음을 얻거나 의외성을 바탕으로 창조적인 아이디어를 낼 수 없다. 그러므로 AI 기술이 인간이 하는 일을 완벽하게 복제할 수는 있지만 틀에서 벗어나 사고하거나 상식이나 흐름을 벗어나는 의외의 크리에이티브를 만들어 낼 수 없다. 광고에서 크리에이티브는 독창적이면서도 대중의 공감을 얻고 설득하는 일이기 때문에 AI 시대에 인간 크리에이터의 생존법은 사람만이 할 수 있는 차별적인 영역에 집중하는 것이다.

온오프라인의 경계가 희미해지고, 인간과 기술의 한계가 모호해지기도 한다. 어쩌면 이런 불확실성을 익숙하게 받아들이는 것이 미래의 일상이 된다는 역설일 수도 있을 것이다. 앞으로 다가올 미래가 어떻게 변화할지 모르겠지만, 아직까지는 '인간'이 가장 신뢰할 만한 것임이 틀림없다. 그러므로 인간적인 공감을 이끌어 내고 영감을 줄 수 있는 크리에이티브의 핵심은 '인간'이 되어야 할 것이다. 일상에서 발휘되는 영감과 창조성으로 당신만의 인사이트에 집중한다면, AI 기술은 크리에이티브에 막강한 힘을 불어넣어 줄 것이다. 하지만 인간적인 사고 과정이 없이 그저 AI가 만들어 낸 크리에이티브만으로 충분하다고 여긴다면, 당신의 크리에이티브는 차츰 생명력을 잃어 갈 것이다.

인간적 영역과 기술적 영역이 공존하는 AI가 점점 발전하면서 예술과 과학, 소비자와 사용자, 상상력과 자동화 등 한때는 서로 상반된다고 느껴졌던 개념들이 갈수록 상호 의존적으로 영향을 미치고 있다. 크리에이티브는 지식 간의 교류이며 시너지이자 숙성이다. 하지만 지식이 늘어나고 기술이 발전하는 현대 사회는 오히려 생각이 줄고, 통합적 사고가 절실해지고 있다. 크리에이티브의 본질은 생각이며, 세상 모든 것은 생각의 도구다. 기술(AI)이 찾아낸 다양한 분야의 지식 속에서 사람(I)의 생각을 통해 연관성을 이끌어 내고 통합적으로 연결한다면, 분명 새로운 크리에이티브의 시너지가 될 것이다.

참고문헌

고승희(2024.6.14).베토벤이 남긴 미완성 교향곡, AI 손길로 빛을 보다. 헤럴드경제, https://news.heraldcorp.com/view.php?ud=20240614050328

구녕이호범(2022.6.17). 5-1. 그레이엄 월러스의 창의적 사고 과정. https://blog.naver.com/hbleetiger/222777285973

김대식 · 김혜연(2024.6.21)."AI 도구, 인간 브랜더 가치 더 높일 것". 아시아경제, https://view.asiae.co.kr/article/2024062010174368037

김병희 외(2022). 『디지털 시대의 광고 크리에이티브 신론』. 학지사.

이지원(2024.3.16).[해외 크리에이티브] AI와 KI의 대결, 승자는?. 매드타임스(MADTimes), http://www.madtimes.org/news/articleView.html?idxno=19980

10
AI와 일하는 NEW 크리에이터

AI에게 끌려갈 것인가? AI를 이끌고 갈 것인가? 세상 모든 크리에이터는 지금 선택의 기로에 놓여 있다. 만일 AI 이전에도 크리에이티브로 빛났던 당신이라면 선택은 어렵지 않을 것이다. 아니, AI의 등장이 반가울지도 모른다. 당신의 스치는 아이디어 하나로도 AI는 무한한 상상의 세계로 당신을 안내해 줄 것이므로.

'I Have A Dream'

여기 한 줄의 카피가 있다. 이 카피와 어울리는 이미지를 찾는다면 당신은 어떤 것을 떠올릴 수 있을까? 크리에이티브에 정답은 없다. 어떤 이미지라도 가능하다. 아이가 하는 말일 수도 있고, 노인의 혼잣말일 수도 있고, 흑인의 연설일 수 있고, 백인의 속삭임일 수도 있다. 다만 선택하는 이미지에 따라서 카피가 표현하고자 하는 'Dream'의 의미가 달라질 뿐이다. 아이에게 꿈은 희망이겠지만, 노인에게 꿈은 미련일 수 있고, 흑인에게 꿈은 혁신이겠지만, 백인에게 꿈은 욕망일 수 있다. 이런 의미의 차이와 구분은 한 나라나 한 사회의 역사와 문화, 인종과 종교 등에 따라 또 미묘하게 달라진다.

광고 크리에이티브를 AI 스스로 만들어 낼 수 없는 이유가 여기에 있다. 한 가지 확실히 짚고 넘어가자면, AI는 의인화되거나 지각 있는 시스템이 아니라 머신러닝 알고리즘이며, AI와 같은 시스템을 잘 다룰 줄 아는 것과 AI를 활용해서 흥미로운 결과물을 만드는 것은 완전히 다른 일이라는 점이다. AI는 단 몇 초 만에 수많은 카피를 쓰고 이미지와 영상까지 만들어 내겠지만, AI는 최고의 라인을 완성할 수 없다. 수많은 카피 중에 어떤 카피가 더 좋을지, 어떤 카피와 어떤 이미지를 연결할지 선택하지 못한다. 엄격하게 말하자면 인간의 선택을 기다려야 한다. 기계적인 정답이 아니라 인간적인 의도를 알아야 하기 때문에 그 과정에 반드시 인간이 있어야 한다는 것이다. 만일 인간이 아닌 AI가 선택하는 결과물을 보게 된다면, 인간이 혁신과 욕망, 꿈과 희망을 느끼는 것은 가능할까? 설사 느낀다고 하더라도 그것을 AI가 만들었다는 걸 알게 된다면, 인간의 감정은 지속될 수 있을까? 광고에서 크리에이티브가 필요한 근본적인 이유는 고객을 설득하고 고객의 마음을 움직이기 위해서다. 그러므로 인간적인 공감을 이끌어 내기 위해서 크리에이티브는 여전히 인간의 일이다.

크리에이티브는 각자 취향이 반영되기 때문에 누구에게는 맞고 누구에게는 틀릴 수 있다. 오히려 틀린 것을 선택하는 것이 크리에이티브가 되기도 한다. 정보를 검색하고 자료를 수집하고 데이터를 분석하는 시간을 AI가 절약해 준다면, 인간은 크리에이티브를 위한 더 창의적인 활동에 매진해야 할 때임을 알아야 한다.

인간적인 크리에이터의 역량

광고 마케팅 산업에서 데이터 기반의 의사 결정은 더욱

중요해질 것이다. AI가 카피를 쓰고 디자인을 하고 영상을 만들어 준다면, 크리에이티브 전문가로서 AI에 어떤 질문을 할지, AI가 내놓는 결과물 중에 무엇을 선택해야 할지가 중요해진다는 의미다. 보통 크리에이티브 디렉터(Creative Director)가 이런 일을 담당하는데, CD란 광고회사에서 크리에이티브를 총괄하는 제작자로서 크리에이티브의 방향을 결정하고, 그 방향에 따라 아이디어를 선택하는 역할을 한다. 그러니까 AI에게 끌려가지 않고 끌고 가기 위해서는 디렉터(Director)의 역량이 핵심이다. 카피라이터가 카피만 쓰는 것이 아니라 카피의 방향을 정하고, 디자이너가 디자인을 선택하는 안목을 키워서 원하는 카피와 디자인의 크리에이티브 방향을 파악하고, AI에 원하는 작업물을 요구하고, AI가 만들어 낸 결과물을 판단하고 결정하는 것이 중요하다는 뜻이다. AI가 만들어 낸 결과물을 수정해야 할 때도 어떤 부분을 어떻게 수정해야 하고, 무엇이 부족하고 넘치는지를 정확하게 설명할 수 있어야만 AI는 유창한 실력을 발휘할 수 있기 때문이다. 막연하고 모호한 크리에이티브에 대해서 논리적으로 설명하고 표현하는 것은 결코 쉬운 일이 아니다. 제대로 된 질문을 하고 선택하고 결정하기 위해서는 자기만의 크리에이티브 기준이 명확해야 하고,

이 기준은 동료가, 광고주가, 소비자가 모두 이해할 수 있어야 한다.

이러한 능력을 『트렌드 코리아 2024』에서는 "호모 프롬프트"라고 말하고 있다. '질문하는 사람'이라는 뜻으로, 인공지능과 소통하는 능력을 지닌 인류를 이르는 말이다. 질문에 따라 결괏값이 달라지는 인공지능을 유연하게 활용하고 선택하고 판단하며 발전시키는 능력이 강조된다. 이런 능력을 크리에이티브에 적용한다면 뉴(New) 크리에이터의 역할은 분명해진다.

AI와 일하는 뉴 크리에이터

AI가 광고 생태계와 크리에이티브의 표현 방식을 새롭게 바꿀 것임은 틀림없다. 하지만 이것이 크리에이티브의 미래가 되지는 않을 것이다. 디지털 시대로 전환되는 과정에서 겪어야 하는 하나의 도전 과제일 뿐, 진정한 혁신은 언제나 인간의 상상력에서 비롯된다. 그러므로 AI 크리에이티브는 인간을 대신하진 못할 것이다. 하지만 AI를 잘 사용하는 크리에이터는 당신을 대신할지도 모른다. 사회적 인식과 고정관념에서 벗어나 새로운 것을 만들어 내는 크리에이터는 앞선 기술과 트렌드를 빠르게 받아들이고, 변화하는 환경을 즐길 줄 알아야 하기 때문이다. 1990년 미국 어도비에서 개발한 포토샵 프로그램을 떠올려 보라. 당시 크리에이티브 업계가 이 기술을 빠르게 받아들이지 않았다면 치열하게 경쟁하는 광고 분야에서 도태되었을 것이다. 그러므로 새로운 디지털 시대를 이끌어갈 뉴 크리에이터들은 AI와 일하는 기술이 필요하다.

데이터를 이해하고 해석하는 능력

자동화와 머신러닝이 가능한 AI는 수많은 데이터를 순식간에 학습하고, 모델링을 통해 결과를 분석하거나 개선하며, 퍼포먼스를 향상시킬 수 있는 편리한 도구이자 기술이다. AI의 자동화 기술을 효과적으로 활용한다면 반복적인 시간과 노력을 획기적으로 줄이며, 수많은 정보의 연관성을 쉽게 파악하고 업무의 효율성을 극대화할 수 있다. 하지만 데이터는 인간이 해석해서 응용할 수 있을 때 유용하다. 그러므로 뉴 크리에이터에게는 광고 운영 전반에 걸쳐 데이터를 기반으로 하는 의사 결정이 요구된다. 막대한 양의 정보 속에서 데이터들을 분석하고 해석하는 데 능숙해야 하는 것이다. 그러기 위해서는 AI 기술의 작동 원리를 이해하고 다양한 AI 도구를 효과적으로 활용할 수 있어야 한다. 데이터 분석 능력을 바탕으로 AI가 제공하는 데이터를 통해 광고 전략 수립에 필요한 통찰력이 필요하며, AI 분석 결과를 토대로 새로운 타깃 시장을 발굴하거나, 소비자 트렌드 변화를 예측하고 광고 효과를 측정하며 개선 방향을 제시할 수 있어야 한다. 현재 시점에서 AI가 내놓는 결과물들의 오류 가능성을 고려할 때, 데이터를 판단하는 능력이 그 어느 때보다 더욱 중요하다. 또한 AI 기반의 가상 커뮤니케이션이 점점 더 정교해지면서 다양한 디지털 플랫폼이 새롭게 등장하기 때문에, 디지털 미디어의 특징과 한계를 이해하고 광고 목적이나 콘셉트에 따라 적절하게 선택하고 활용할 줄 알아야 한다.

디렉션을 선택하고 결정하는 능력

AI를 활용한 성공적인 광고 캠페인의 사례를 살펴보면, 단순히 AI를 활용하는 것이 아니라 캠페인을 이끌어 가는 디렉터의 역량이 얼마나 중요한지를 알 수 있다. AI가 만들어 내는 카피나 이미지, 영상 중에서 브랜드의 방향성에 잘 맞는 결과물을 선택하고 소비자가 공감할 수 있도록 정교하게 크리에이티브를 다듬을 수 있는 안목이 있어야만 완성도 높은 크리에이티브를 만들 수 있는 것이다. 명확한 크리에이티브의 콘셉트와 그것을 반영할 수 있는 다양한 전략을 가진 뉴 크리에이터는 AI에 어떤 명령을 내릴지, 어떤 결과물을 선택하는지, 어떻게 발전시킬 것인지 등을 설명하고 설득할 수 있어야 한다. 그 어느 것도 정해진 답이 없는 창작의 영역에서 AI는 최종 권한을 가질 수 없으므로, 뉴 크리에이터는 AI 크리에이티브의 최종 결정권자가 될 것이다.

인사이트를 발전시키는 능력

이제 크리에이티브는 특정 분야에서 특정한 사람들이 발휘하는 능력이 아니다. AI 크리에이티브를 활용한다면 누구나 크리에이터가 될 수 있는 시대이므로 당신은 당신만의 창의성을 가지고 있어야 하며, 그것을 위해 계속해서 훈련을 해야 한다. 가장 좋은 크리에이티브는 개인적인 경험을 통해서 발현되므로 지속적으로 세상을 탐구하고 일상에 호기심을 가지며 크리에이티브를 위한 영감을 찾고 연구하는 자세를 갖추는 것이 AI와의 파트너십을 키우는 일일 것이다. 크리에이터에게 영감을 줄 수 있는 AI와 같은 혁신적인 기술을 받아들이는 오픈 마인드로 새로운 인사이트를 발굴하며 그 기술을 활용해 당신이 AI에 영감을 준다면, 무한한 결과물을 AI가 만들어 줄 것이다. 뉴 크리에이터는 궁극적으로 브랜드와 고객을 연결하는 가장 인간다운 것들을 창조하고, 함께하는 동료와 조직에 영감과 창의성을 불어넣을 수 있어야 한다.

감성지능으로 공감하고 소통하는 능력

인간이 여전히 크리에이티브에서 중요한 역할을 할 수밖에 없는 이유 중 하나는 인간만의 '감성'에 있다. AI에는 우리가 원하는 것을 바로 만들어 줄 수 있는 지능지수(IQ)는 있지만, 사람들의 공감을 얻기 위해 필요한 감성지수(EQ)는 없기 때문이다. 인간이 가진 특별한 기술은 사물을 볼 수 있고, 그것이 누군가에게 어떤 느낌을 줄 수 있는지 진정으로 이해할 수 있고, 이것이 다른 사람들과 연결될지를 알 수 있는 것이다. 타인의 감정을 인지하는 것을 바탕으로 관계를 관리하고 조율하는 능력을 감성 지능(Emotional Intelligence)이라고 하는데, 오늘날 기업과 브랜드가 고객과 신뢰를 구축하고 지속적으로 고객을 관리하기 위해서 필요한 능력 중 하나로 여기고 있다. AI가 찾아낸 빅데이터 속에서도 소비자의 감정과 동기를 이해하며 소비자와 공감할 수 있는 능력이 바로 뉴 크리에이터의 역량이며, 광고 캠페인의 성공과 실패를 좌우하는 데 결정적인 요인으로 작용한다. 그러므로 끊임없이 소비자와 공감할 수 있는 감성 지능을 높이고 시대와 환경에 따른 소비자 행동 변화의 흐름을 이해하고 소비자와 소통하려는 노력을 꾸준히 해야 한다.

창작의 영역에서 AI를 활용한 결과물들은 인공지능과 경쟁이 아닌 공존을 말하고 있다. 어쩌면 미래에는 AI를 뛰어넘는 또 다른 기술이 당신을 기다리고 있을지 모른다. 하지만 확실한 것은, 크리에이티브의 진정한 가치는 단순히 시대적 흐름이나 유행이 아니라 그 시대를 사는 사람들이 만들어 낸 피나는 노력의 결과물이란 점이다. 따라서 과거에도 그랬듯이, 지금도 앞으로도 크리에이티브는 그 가치를 스스로 증명해야만 할 것이다. 그러므로 AI 시대를 이끌어 가는 뉴 크리에이터는 발전하는 도구를 잘 활용하고, 달라지는 환경을 크리에이티브로 극복해야 할 것이다. AI가 크리에이티브 영역에 가져올 폭발적인 잠재력을 깨우는 것도 인간이 될 것이므로.

참고문헌

김난도 외(2023). 『트렌드 코리아 2024』. 미래의창.
김세은(2024.4). AI 시대의 크리에이티브 ① 브랜드의 크리에이티브 담당자라면 알아야 할 AI의 3가지 특징. Think with Google, https://www.thinkwithgoogle.com/intl/ko-kr/future-of-

marketing/creativity/ai-시대의-크리에이티브-1-ai의-3가지-특징/
김수경(2023.10.27). AI는 광고 크리에이티브의 새로운 혁명일까?…. 뉴데일리경제, https://biz.newdaily.co.kr/site/data/html/2023/10/27/2023102700026.html
유승철(2023.4.4). 생성형 AI시대의 마케팅, 어디로 가는가. 반론보도닷컴, http://www.banronbodo.com/news/articleView.html?idxno=21521

표수연

크리에이티브 디렉터 및 카피라이터로서 다양한 광고 캠페인은 물론 브랜딩, 이벤트, 프로모션 등 분야에서 프리랜서로 일하고 있으며, 에세이, 칼럼, 그림책 등을 저술한 바 있다. 대표적인 저서로는 그림책 『너, 내가 누군지 알아?』(한국어린이교육문화연구원 으뜸책 선정, 2013), 『찌라시 카피라이팅』(커뮤니케이션북스, 2021) 등이 있다.